東京ディズニーシーMAP

トリトンズ・キングダム（屋内施設）

トリトンズ・キングダム入り口

ロストリ

ポートディスカバリー

マーメイドラグーン

プロメテウス火山

ミステリアスアイランド

ケープコッド

アメリカンウォーターフロント

S.S.コロンビア号

メディ〜〜〜〜〜

リドアイル

ホテル＆パーク・ゲートウェイ（1F）

東京ディズニーシー・ホテルミラコスタ

ウォーターフロントパーク

トイビル・トロリーパーク

ディズニーシー・プラザ

ディズニーリゾートライン

東京ディズニーシー・ステーション

立体駐車場

JN029373

DPA …ディズニー・プレミアアクセス対象施設
　　　（受付方法はP.90参照）
SP …スタンバイパス対象施設（受付方法はP.91参照）
3D …3D映像を使用したアトラクション
▲ …高血圧の方、心臓・脊椎・首に疾患のある方、乗り物
　　　に酔いやすい方、その他アトラクションのご利用によ
　　　り悪化するおそれのある症状がある方、妊娠中の方、
　　　高齢の方はご利用をご遠慮ください。
⬆ …規定の身長に満たない方はご利用になれません。
✳ …乗り物に1人で座って安定した姿勢を保てない方は
　　　ご利用になれません。
◇ …お子様をひざに乗せた状態ではご利用になれません。
✋ …ディズニーキャラクターグリーティング
EN …エントリー受付が必要な施設（受付方法はP.91参照）
📷 …デジタル・フォトエキスプレス
🎁 …カプセルトイ
🏅 …スーベニアメダル
PS …プライオリティ・シーティング
🍴 …お子様メニュー提供店舗
🍷 …アルコール提供店舗

⓴は2023年7月5日現在、休止している施設です。施設の運営状況については、
東京ディズニーリゾート・オフィシャルウェブサイト（P.88参照）をご確認ください。

サービス施設

- AED（自動体外式除細動器）
- エレベーター
- カードバンキング（三井住友銀行）
- 喫煙所
- 中央救護室
- 多機能レストルーム（多目的シート設置）
- ゲストリレーション
- コインロッカー
- 公衆電話
- 宅配センター
- パークインフォメーションボード休
- ハンドウォッシングエリア
- ベビーカー&車イス・レンタル
- ベビーセンター
- マーメイドラグーン・ベビーケアルーム
- 授乳室
- 迷子センター
- メールボックス
- モバイルバッテリーレンタルサービス
- レストルーム
- チケットブース・ノース休／チケットブース・サウス休
- 東京ディズニーシー・インフォメーション
- 団体チケットブース休
- ペットボトル飲料販売機
- ピクニックエリア
- フォトテラス
- パークウェイギフト・ノース休／パークウェイギフト・サウス休

メディテレーニアンハーバー

アトラクション

1 ヴェネツィアン・ゴンドラ
2 ソアリン：ファンタスティック・フライト DPA 102cm ＊◇
3 ディズニーシー・トランジットスチーマーライン
4 フォートレス・エクスプロレーション

エンターテイメント

A レッツ・セレブレイト・ウィズ・カラー
A ビリーヴ！～シー・オブ・ドリームス～DPA

ショップ

5 イル・ポスティーノ・ステーショナリー
6 ヴァレンティーナズ・スウィート
7 ヴィラ・ドナルド・ホームショップ
8 ヴェネツィアン・カーニバル・マーケット
9 エンポーリオ
10 ガッレリーア・ディズニー
11 スプレンディード
12 ピッコロメルカート
13 フィガロズ・クロージアー
14 フォトグラフィカ
15 ベッラ・ミンニ・コレクション
16 マーチャント・オブ・ヴェニス・コンフェクション
17 ミラマーレ
18 リメンブランツェ

レストラン

19 カフェ・ポルトフィーノ
20 ゴンドリエ・スナック
21 ザンビーニ・ブラザーズ・リストランテ
22 マゼランズ PS
23 マゼランズ・ラウンジ 休
24 マンマ・ビスコッティーズ・ベーカリー
25 リストランテ・ディ・カナレット PS
26 リフレスコス

アメリカンウォーターフロント

アトラクション

27 タートル・トーク
28 タワー・オブ・テラー DPA ▲ 102cm ＊◇
29 ディズニーシー・エレクトリックレールウェイ
30 ディズニーシー・トランジットスチーマーライン
31 トイ・ストーリー・マニア！DPA 3D ＊
32 ビッグシティ・ヴィークル

エンターテイメント

33 ジャンボリミッキー！レッツ・ダンス！EN
（ドックサイドステージ）
34 ビッグバンドビート～ア・スペシャルトリート～EN
（ブロードウェイ・ミュージックシアター）
43 ダッフィー&フレンズのワンダフル・フレンドシップ
（ケープコッド・クックオフ ショーダイニングエリア PS）

キャラクターグリーティング

35 ヴィレッジ・グリーティングプレイス

ショップ

36 アーント・ペグズ・ヴィレッジストア
37 スチームボート・ミッキーズ
38 スリンキー・ドッグのギフトトロリー
39 タワー・オブ・テラー・メモラビリア
40 ニュージーズ・ノヴェルティ
41 マクダックス・デパートメントストア

レストラン

42 S.S.コロンビア・ダイニングルーム PS
43 ケープコッド・クックオフ
44 ケープコッド・コンフェクション 休
45 テディ・ルーズヴェルト・ラウンジ PS
46 デランシー・ケータリング
47 ドックサイドダイナー
48 ニューヨーク・デリ
49 バーナクル・ビルズ
50 ハイタイド・トリート
(51) ハドソンリバー・ハーベスト
(52) パパダキス・フレッシュフルーツ 休
(53) リバティ・ランディング・ダイナー 休
(54) レストラン櫻 PS

ポートディスカバリー

アトラクション

(55) アクアトピア＊
(56) ディズニーシー・エレクトリックレールウェイ
(57) ニモ&フレンズ・シーライダー 90cm ＊

ショップ

(58) スカイウォッチャー・スーヴェニア
(59) ディスカバリーギフト

レストラン

(60) シーサイドスナック
(61) ブリーズウェイ・バイツ
(62) ベイサイド・テイクアウト
(63) ホライズンベイ・レストラン PS

ロストリバーデルタ

アトラクション

(64) インディ・ジョーンズ®・アドベンチャー：クリスタルスカルの魔宮 ▲ 117cm ＊◇
(65) ディズニーシー・トランジットスチーマーライン
(66) レイジングスピリッツ ▲ 117cm ＊◇
※身長195cmを超える方はご利用になれません。

エンターテイメント

(67) ソング・オブ・ミラージュ 休
（ハンガーステージ）

キャラクターグリーティング

(68) “サルードス・アミーゴス！”グリーティングドック 休
(69) ミッキー&フレンズ・グリーティングトレイル

ショップ

(70) エクスペディション・フォトアーカイヴ
(71) ペドラーズ・アウトポスト
(72) ルックアウト・トレーダー
(73) ロストリバーアウトフィッター

レストラン

(74) エクスペディション・イート
(75) トロピック・アルズ
(76) ミゲルズ・エルドラド・キャンティーナ
(77) ユカタン・ベースキャンプ・グリル
(78) ロストリバークックハウス

アラビアンコースト

アトラクション

(79) キャラバンカルーセル＊◇
(80) ジャスミンのフライングカーペット＊休
(81) シンドバッド・ストーリーブック・ヴォヤッジ
(82) マジックランプシアター 3D

ショップ

(83) アグラバーマーケットプレイス
(84) アブーズ・バザール SP

レストラン

(85) オープンセサミ
(86) カスバ・フードコート
(87) サルタンズ・オアシス

マーメイドラグーン

アトラクション

(88) アリエルのプレイグラウンド
(89) ジャンピン・ジェリーフィッシュ＊
(90) スカットルのスクーター＊◇
(91) フランダーのフライングフィッシュコースター 90cm ＊◇
(92) ブローフィッシュ・バルーンレース
(93) マーメイドラグーンシアター 休
(94) ワールプール

ショップ

(95) キス・デ・ガール・ファッション
(96) グロットフォト&ギフト 休
(97) シータートル・スーヴェニア
(98) スリーピーホエール・ショップ
(99) マーメイドトレジャー
(100) マーメイドメモリー 休

レストラン

(101) セバスチャンのカリプソキッチン

ミステリアスアイランド

アトラクション

(102) 海底2万マイル
(103) センター・オブ・ジ・アース DPA ▲ 117cm ＊◇

ショップ

(104) ノーチラスギフト

レストラン

(105) ヴォルケイニア・レストラン
(106) ノーチラスギャレー
(107) リフレッシュメント・ステーション

パークワイド

スカイ・フル・オブ・カラーズ

Disney Supreme Guide

東京ディズニーシー®
ガイドブック
with 風間俊介

CONTENTS

Introduction

冒険と
イマジネーションの世界へ

★2023年7月5日現在の情報に基づいています。掲載した情報は、予告なく内容が変更になる場合があります。最新のパーク情報については、東京ディズニーリゾート・オフィシャルウェブサイト (https://www.tokyodisneyresort.jp/) をご確認ください。

東京ディズニーシーに8番目のテーマポート
「ファンタジースプリングス」が 2024年春、ついにオープン！ ··· 64

まだ見ぬ新たな冒険の世界
「ファンタジースプリングス」への 期待を語る ·················· 66

東京ディズニーシーのココが好き！
LOVEポイント ···················· 72

ディズニーの三ツ星グルメ
冒険前のガッツリ飯 ····················· 80
冒険の途中にひと息　スナック＆スウィーツ ········ 82

ディズニーのグッズセレクション ········· 84

いつかは泊まりたい
憧れのディズニーホテル ··············· 86

INFORMATION

冒険とイマジネーションの世界へ

with **Shunsuke Kazama**

2001年9月4日に誕生した東京ディズニーシー。人生において誕生から目にできる、初めてのパークに感動が止まらなかったという風間俊介さん。それから21年間、「このパークをどこから研究しようか」という思いが尽きないと言う。海にまつわる物語や伝説を題材にしたファンタジーの中で、知的好奇心を呼び覚ましてくれる東京ディズニーシーの魅力を語っていただきました。

すべてのはじまりの海と、絶えない冒険心に魅せられて

僕は東京ディズニーランドがオープンした1983年に生まれて、物心ついたときからパークとともに歩んできました。一方、東京ディズニーシーはいまだかつて世界に類を見ないディズニーのテーマパークで、"すべてがはじめまして"だったあのときの印象は今でも忘れません。以来、僕にとって東京ディズニーシーは発見の場であり、知的好奇心を揺さぶる旅へと出発する場所になったのです。

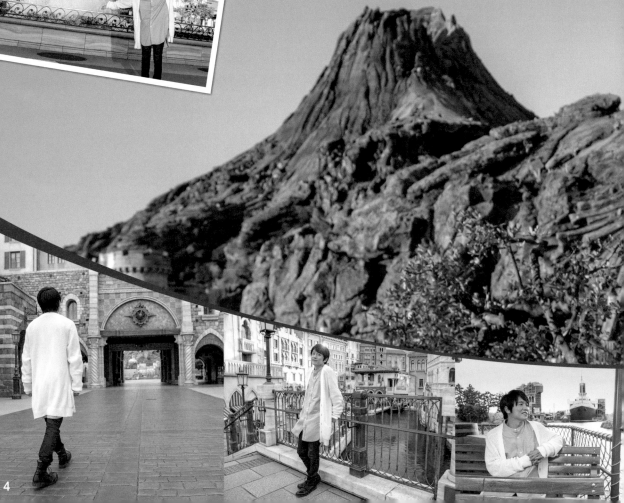

東京ディズニーシーのテーマは「海」。地球は海でつながっています。メディテレーニアンハーバーの海も、ハドソン川に流れ、時空を超えた未来のマリーナへ行き、ロストリバーデルタへと流れているのです。だから港が重要な玄関口。人は、海の向こうにある、まだ見ぬ世界に憧れて冒険の旅に出たくなる衝動にかられます。それは、途方もない船の旅かもしれません。あるいは大河の向こう岸見たさに橋を渡る旅なのかもしれません。

東京ディズニーシーは、7つのテーマポートを海と運河が分かつ世界。言うなれば"橋"と"道"で結ばれているのです。それは不思議と僕に「旅」を連想させる仕掛けになっているような気がします。

旅のはじまりは壮大な宇宙から地球、そして港へ

パークに入るとまず僕らを出迎えてくれるのは、水の惑星、地球を表現した「ディズニーシー・アクアスフィア」です。物語は、宇宙の中の水の惑星・地球からスタートします。そのインパクトたるや絶大で、周辺には大宇宙をイメージするさまざまな仕掛けがあって、この壮大な宇宙から旅がはじまると思うとワクワク感でいっぱいになります。そんな思いを抱きながらミラコスタ通り（パッサッジョ・ミラコスタ）に入ると、その先に見えてくるのが広大な海、プロメテウス火山のそびえる南欧の港町メディテレーニアンハーバーです。大宇宙から地球へ、そして海が広がる港へ、そのイメージはまるでマクロからミクロへ、大宇宙から南欧の港へ、焦点をググーッと絞り込んで見るようなダイナミックさです。それを仕向けているのはミラコスタ通り。僕らが住んでいる現実世界から、ファンタジーの世界へ一気にワープするためのタイムトンネルの役目を担っているような気がします。そして、ここから7つの港へと向かう冒険の旅がはじまります。

橋を渡り、角を曲がるたびに表情の違う街に出会う

メディテレーニアンハーバーは、東京ディズニーシーを訪れたゲストが最初に足を踏み入れる港町です。まぶしいばかりの太陽、海を渡る潮風、石造りの古い町並み……。モチーフになったのは地中海とその沿岸地域です。そのポルト・パラディーゾの広場から左の小道に入ると、ヴェネツィア風の水路にゴンドラが行き交う運河の街へたどり着き、反対方向へ歩けば昔のイタリアの田舎町に迷い込んだような景色に包まれる。通常ではありえない、こんな旅ができるのも、ここがまぎれもない冒険ができる世界だからです。

メディテレーニアンハーバーから"歓迎の橋"を意味する「ポンテ・デイ・ベンヴェヌーティ」を渡ると、そこはアメリカンウォーターフロント、ニューヨークの入り口です。今でもニューヨークは刺激を受ける街なのですが、20世紀初頭のニューヨークはここでしか味わえない特別感があります。馬や馬車が自動車に替わり、ガス灯が電灯に替わり、道路を走っていたトロリー電車が高架鉄道になった時代の過渡期。好景気が訪れたエネルギッシュな時代です。港に出れば豪華客船S.S.コロンビア号が迎えてくれます。当時で言えば最新鋭。でも僕たちから見たらトラディショナル。この不思議な体験ができるのも、アメリカンウォーターフロントならでは。

また、このテーマポートはもうひとつの魅力的な側面を持っています。橋を渡り、海岸線に沿って道を曲がると、のどかな漁村をイメージにしたケープコッドに到着します。これは感動以外の何物でもありません。フランスで例えるとパリと南仏プロヴァンスの両方に歩いて行けるということですから。こうしてみると、東京ディズニーシーの"道"は、表情の異なる街へ僕らを導き、"橋"はテーマポートを結ぶ、さらなる旅の分岐点になるということなのでしょう。

まだ見ぬ世界への
好奇心から、
僕の旅がスタートする

現実世界の未来ではなく
異次元の未来が広がる!

　岬に立つ赤と白のストライプの灯台を過ぎると、時空を超えた未来のマリーナ、ポートディスカバリーに入ります。未来といっても、ここは東京ディズニーランドにあるトゥモローランドとは異なる未来を見せてくれる場所。宇宙に思いを馳せる未来がトゥモローランドなら、ポートディスカバリーは自然と科学を研究する、独創的ながらもどこか懐かしい未来の姿。ドーナツ型のウォータービークル「アクアトピア」もそのひとつ。今は車の自動運転が一部で実用化されはじめていますが、ポートディスカバリーは、船の自動運転がテストされる時代に入っています。僕はここに来ると先を見据えるディズニーの凄さを感じずにはいられません。この異次元の自然科学の未来が、僕たちの生活にこれから何をもたらしてくれるのだろう、そう考えるだけで好奇心が止まらなくなります。

僕の中で"冒険"は
未開のジャングルと結びつく

　僕にとって冒険をもっとも強く感じるのが、ロストリバーデルタです。昼間歩いただけでもワクワクするのですが、夜歩くとこれがドキドキ感に変わるのです。薄暗い中に浮かび上がる神殿前の松明の炎が揺らめいていて、どこか心もとない感じがしてきます。

幼い頃、夜はどこを歩いても僕にとっては冒険でした。大人になってもあの頃の気持ちを思い起こさせてくれる冒険力が、ここロストリバーデルタにはあります。

　川の片岸には、古代神殿とその発掘調査にやってきた調査団の野営地が広がっていて、トタンや木材など、あり合わせのものでつくられた建物やテントが臨場感を高めます。川の反対側には冒険に旅立つ人々の物資調達場所として居留地があり、市場があって……。どの建物にも統一感がなく、あえて粗野で無計画にしているところに、文明から離れたジャングルにいることを感じさせてくれるのです。

すべてを五感で楽しむ
2つのディズニー映画の世界

　7つの寄港地のなかでひときわ異彩を放っているのが、アラビアンコーストとマーメイドラグーンです。アラビアンコーストには塔やミナレットがそびえ、いくつものドーム屋根が続き、目に入るものすべてに異国情緒を感じます。港から入ると、「海岸」「市場」「宮殿の中庭」と続き、アラビアの雰囲気から、どこか砂漠の暑ささえ感じる……、そんなイマジネーションが僕の目の前に土埃が舞っているような感覚さえも呼び起こすのです。

そしてサルタン王の宮殿とトリトン王の海底王国を結ぶ橋の名前が、「キングダムブリッジ」。『アラジン』と『リトル・マーメイド』、この2つの映画を東京ディズニーシーという場所で結んでしまうのがたまりません。この橋を渡るときにそっと耳を澄ましてみてください。橋のほぼ中央で2つのテーマポートの音楽が、まるで魔法のように切り替わる不思議な瞬間を体験できます。

次は、海の上の「アバブ・ザ・シー」と海底世界の「アンダー・ザ・シー」に分かれたマーメイドラグーンへ。海底と海上をこんな風に表現するんだって、心の中でイマジニア✏️の凄さに乾杯！って思いましたね。「キング・

トリトン・キャッスル」の入り口付近では、ザブーンっと波が打ち寄せる音が聞こえるのですが、海底に入ると、波の音から泡の音に変わっていきます。その音が海底に近づくにつれて、プクプクから、プクプクプクと長くなっていくのです。水の中では息のできない僕たち人間にこんな経験させてもらえるのですから、はじめて訪れたときは驚きました。「アンダー・ザ・シー」では、頭上には水面の光が揺らめき、足元にはさまざまな魚が泳いできます。それは我々が知っている海底ではなく、"アニメーションの中の海底に入ったらどんなだろう"を具現化してくれる世界なのです。何度訪れてもここには感動しかありません。

アリエルもこんな気持ちだったのかと思わず手を伸ばしてしまう……

気づけばテーマポートごとに人々の叡智（えいち）があふれている

知的好奇心を揺さぶる科学と冒険の世界

未知なる冒険のなかで、僕の知的好奇心を呼び覚ますのがミステリアスアイランドです。ここには、これまで学んでこなかった地学や海洋学などがあり、たとえ机に向かっても手に入らない科学があります。そして僕らが足を踏み入れるところは火山の噴火でできたカルデラ湖。ネモ船長によって安全が確保された足場が組まれていて、高低差のあるカルデラを見下ろすこともできれば、見上げることもできるなど、現実にはありえないことがここではできてしまいます。そのうえ僕たちはネモ船長の驚くべき科学の産物と、まったく知らなかった地球を体験することができるのです。

こうしてパークを一周してみると、宇宙から見た地球のなかに誕生した東京ディズニーシーは、まさに天地創造という壮大ななかで生まれたテーマパークだと思います。そこには時代や文化に合った冒険や発見があって、人間の叡智があふれているような気がします。何度来ても、驚きと発見がありすぎて、僕の東京ディズニーシーの旅はまだ終わりそうにありません。一体何年かけたら、このパークのことを"わかった"と自信を持って言えるのか？　僕の探究はこれからも続きそうです。

✏️ Check!

イマジニアとは、"imagination（想像力）" と "engineer（技術者）" を合わせたウォルト・ディズニーによる造語。世界のディズニーパークの設計や開発を手掛ける会社、ウォルト・ディズニー・イマジニアリングに所属する人のこと。

1 きらめく水しぶきに浮かぶ パークのシンボル

エントランスをくぐると目に飛び込んでくるのは、東京ディズニーシーのシンボル「ディズニーシー・アクアスフィア」。絶えることなく水が流れるこの球体は、自転しながら"水の惑星"地球を表している。その大きさは直径約8m、高さ約10m、総重量2.5トンにも及ぶ。これはただ大きいだけではない。まるで宇宙から地球を見るように、周囲には月、水星、金星、太陽、火星、木星、土星、12星座が描かれたマンホール、それを取り巻く星形の街灯、さらに月の満ち欠けを示す8つのタイルを見ることができる。それは惑星のなかの地球をイメージしているようだ。

大航海時代の拠点となった地中海とその沿岸地域がモチーフ。南欧の海が持つ冒険の香りや物語性こそが最初の一歩にふさわしい港町

MEDITERRANEAN HARBOR

南ヨーロッパをテーマに 個性豊かな3つの地区からなる港町

メディテレーニアン ハーバー

メディテレーニアンハーバーは、南欧の港町ポルト・パラディーゾ、運河とゴンドラの街パラッツォ・カナル、そしてプロメテウス火山の麓にあるエクスプローラーズ・ランディングで構成されている。かつてこの地中海一帯は、15世紀から17世紀前半にかけての大航海時代、マゼラン艦隊の世界周遊、ディアスの喜望峰回航、コロンブスのアメリカ大陸発見など、船乗りたちのさまざまな歴史発見の舞台となった。東京ディズニーシーの物語もここからはじまる。

⬆地面の白線はミラコスタ通りの方から放射状にのびている。月の満ち欠けを見ると、太陽の光を表しているようにも見える

⬆「ディズニーシー・アクアスフィア」を囲む8つのタイルは月の満ち欠け。太陽の光があたるミラコスタ通り側から見ると満月、裏側が新月となる

➡「ディズニーシー・アクアスフィア」の周りには22個のマンホールがある。中心に地球、その周りに月、さらにその周りを太陽や惑星が囲み、星が取り巻いているよう

⬆「ディズニーシー・アクアスフィア」を取り巻く街灯は星の形。地球・月・惑星・星と、この一帯は「天動説」を物語っているのかもしれない

2 朝と夜で変わる ディズニーシー・ プラザのBGM

⬅ライトアップで暗闇に浮かび上がる「ディズニーシー・アクアスフィア」。BGMによって、パークに入ったときは胸が高鳴り、帰るときは満足感でいっぱいになる

ゲストを迎え、そして見送るディズニーシー・プラザの「ディズニーシー・アクアスフィア」周辺では、「東京ディズニーシーのテーマ」が流れている。日中はオーケストラによる壮大な曲調の「アクアスフィア・プラザ〜デイ」で出迎え、冒険に出かけるゲストの高揚感を盛り上げてくれる。日没後はややスローテンポのシンセサイザーの演奏「アクアスフィア・プラザ〜ナイト」で、東京ディズニーシーを後にするゲストを見送っている。来たときや帰るときに立ち止まって聴いてみると、その違いに気づけるはず。

↑東京ディズニーシー・ホテルミラコスタの最上階には人々が楽し気に歓談する姿が描かれている

↑ディズニーシー・プラザからメディテレーニアンハーバーに抜けるアーケードの上には海にまつわる神話に関連した「トロンプルイユ」が描かれている。まるで彫刻のよう
➡窓は本物だが、鎧戸と鎧留め、壁面の彫刻は「トロンプルイユ」だ。「ベッラ・ミンニ・コレクション」の裏手には、窓辺で見つめる女性と、向かい側に男性の「トロンプルイユ」もある

③ 南欧の港町を彩る壁画のだまし絵

イタリアで実際に見られるルネサンス期の絵画、「**トロンプルイユ**」。一見、窓や彫刻のようだが、よーく見ると本物でなくだまし絵だ。ポルト・パラディーゾのモデルになった南欧のリゾート、ポルトフィーノにはトロンプルイユで有名な「スプレンディード」というラグジュアリーホテルがある。それを連想させるかのようにメディテレーニアンハーバーには「スプレンディード」という名のワゴンショップがある。

➡ヴェネツィアでよく見られる運河と平行にのびる遊歩道。ウインドウをのぞきながら歩くのも楽しいエリア

④ 南欧の港町の通りや広場にさりげなくキャラクターの名前が

イタリアの高級リゾート、ポルトフィーノからインスピレーションを得たポルト・パラディーゾでは、キャラクターの名前が含まれた広場や通りのサインを目にすることができる。ただし表記はすべてイタリア語。「パッサッジョ・ミラコスタ（ミラコスタ通り）」を抜けた広場が「**ピアッツァ・トポリーノ（ミッキー広場）**」だ。ポルト・パラディーゾからパラッツォ・カナルへ続く通路は「**パッサッジョ・ミンニ（ミニー通り）**」。ほかにも「**ヴィア・パペリーノ（ドナルド通り）**」や「**カッレ・ピッポ（グーフィー通り）**」などがある。サインは広場や通りの入り口にあるので、街を散策しながら探してみよう。きっと新しい発見があるはずだ。

↑「PIAZZA TOPOLINO」はミッキー広場。NORDは北で、SUDは南を意味するイタリア語。その広場はメディテレーニアンハーバーの中央に

⑤ 道を曲がればそこにはヴェネツィアを彷彿とさせる風景が

運河にゴンドラが浮かぶエリアは**パラッツォ・カナル**。"水の都"ヴェネツィアをコンパクトにしたような街並みが広がり、あのサン・マルコ大聖堂を思わせるファサード、羽を持つライオンの像やレリーフなど、パークに居ながらにしてヴェネツィアを旅している気分が味わえる。また、周辺の壁には土地が低いため現地でよく見られる浸水のシミの跡があったり、運河から続く外階段を持つ家があるなど、臨場感たっぷりの風景が広がっている。

↑ウインドウの中にイタリアにゆかりのあるレオナルド・ダ・ヴィンチの「モナ・リザ」風の絵が。誰が描いているのか？
➡パラッツォ・カナルの壁には浸水跡が残っている

⑥ ポルト・パラディーゾを発展させたザンビーニ家

今は一大リゾートとして魅力的なポルト・パラディーゾだが、かつては名もない小さな漁村にすぎなかった。そんな港町の発展に尽力したのが**ザンビーニ家**。発展の歴史を探るには300年ほど前までさかのぼる。港の裕福な地主であったザンビーニ家は、今に至るまでの長い間に、おいしいワインと品質のすぐれたオリーブオイルをつくり続けていたようだ。やがて対岸にある要塞がスペイン国王から名高い船乗り、科学者、技術者、芸術家のグループで構成されている国際的な学会S.E.A.に譲渡されると、その噂が世界中に広まり、村にはたくさんの探険家や冒険家がやってくるようになった。要塞にある知識や学会の偉業を誇りに思っていたザンビーニ家は、別荘の部屋を訪れる冒険家たちに提供し、さらに財産を使ってホテルや商店、レストランなどを次々と建設した。こうして小さな漁村は、魅力的な港町へと成長していったのだ。1815年にオープンした「ファンタスティック・フライトミュージアム」は、ザンビーニ家からファルコ家に譲渡したもの。その土地の譲渡証書がミュージアムに飾られている。

⬅港町の発展のために土地や建物を提供し続けたザンビーニ家。この建物は3兄弟が経営する「ザンビーニ・ブラザーズ・リストランテ」

②ソアリン：ファンタスティック・フライト

大空を自由に飛ぶという人類の夢にあふれた博物館
ファンタスティック・フライト・ミュージアム

　ここは空を飛ぶことに憧れを抱いてきた世界中の人々の思いが詰まった博物館。館内には博物館の歴史や世界中から集めた貴重なコレクションが並ぶ。現在、空を飛ぶ研究に一生を捧げた**カメリア・ファルコ①**の生誕100周年を記念して、特別展が開催

されている。航空分野に情熱を注いだカメリアの熱い思いに共感したあと、ゲストは19世紀のテクノロジーとイマジネーションを融合させた夢のような乗り物、**ドリームフライヤー**（P.13①）に乗って、世界中の驚くべき光景を上空から見ることになる。

↑メディテレーニアンハーバーを見下ろす小高い丘に建つ白亜の建物が、空を飛ぶ夢にあふれた博物館

┤コートヤード├

石造りの中庭を見学

　門をくぐると正面に空を飛ぶことにまつわるレリーフがお出迎え。特別展のバナーがかかる回廊を進み、手入れの行き届いた美しい中庭の2階から、壁画が並ぶ1階へ。壁には、レオナルド・ダ・ヴィンチやバルトロメウ・デ・グスマンをはじめとする、空に夢を抱いた先人たちが描かれている。

さらに気になる
▶ポイント◀
Foot Note

Point①　カメリア・ファルコ

　博物館がオープンする前の1801年に誕生したカメリア・ヴァレンティーナ・ファルコ。彼女はファンタスティック・フライト・ミュージアムの初代館長チェリーノ・ファルコの愛娘。飛行への強い思いを父親から受け継いで、小さい頃から空を飛ぶことに興味を抱き、父譲りの冒険心と情熱で飛行への研究に打ち込んだ。その功績により、S.E.A.初の女性会員として認められた。ファンタスティック・フライト・ミュージアムの中心的存在。

←彼女がファンタスティック・フライト・ミュージアムの2代目館長カメリア・ファルコ

↑博物館の創設者でありカメリアの父チェッリーノ・ファルコの名前と、オープンした1815年を表すローマ数字、「飛行への精神に捧げる」という文字が刻まれている

←ゲストを迎えるハヤブサの名はアレッタ。飛行へのスピリットのような、カメリアの大切な友だちだった

↑入り口正面には、ギリシャ神話に登場するイカロスと父親のダイダロスが翼を広げて空へはばたく様子のリレーフがある
➡バナーが飾られ、今まさにカメリア・ファルコ生誕100周年記念特別展が開かれていることがわかる
⬇バルトロメウ・デ・グスマンやアルキュタス、レオナルド・ダ・ヴィンチやジョージ・ケイリー卿など、空を飛ぶ研究に尽力した8人の偉人が描かれている

←世界初の有人飛行を成功させた熱気球を発明したモンゴルフィエ兄弟。

←フランチェスコ・ラナ・デ・ルツィ（1631～1687）。空気より軽い航空機の概念を最初に示した発明家

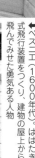
←ベスニエ（～1600年代）。はばたき式飛行装置をつくり、建物の屋上から飛んでみせた勇気ある人物

↑レセプションデスク後方の壁には館内図や土地の譲渡証書などが展示されている

↑起工式と定礎式の様子。どちらも中心となっているのは創設者のチェッリーノ・ファルコ。そばにはチェッリーノの妻ジュリアーナと娘のカメリアの姿が

ロビー

博物館の歴史を紹介

ロビーには博物館の歴史にまつわる由緒ある品々が展示されている。博物館の起工式やオープニングセレモニーの様子、博物館を訪れた世界各国の要人たちを描いた絵画などが見られる。博物館に寄附した人物の名前を記したプレート、ザンビーニ家から譲り受けた土地の譲渡証書もチェックしたい展示物のひとつ。

↑博物館がオープンしたのは1815年。その当時の様子を描いた絵画が展示されている。隣に展示されているのは博物館の立面図と平面図

↑1815年に行われた博物館のオープニングセレモニーの絵画。テープカットで使われた赤いリボンとハサミ、スピーチの原稿も飾られている

↑このプレートには博物館に寄附をした人たちの名前が刻まれている

Column

カメリア・ファルコが会員になった世界の探険家・冒険家が集うS.E.A.とは?

S.E.A.（Society of Explorers and Adventurers）は、船乗り、科学者、技術者、芸術家などで構成されている学会で、「エクスプローラーズ・ランディング」に本拠地がある。博物館のロビーにはカメリアがS.E.A.から授与されたメダルと式典の様子を描いた絵画が一緒に飾られている。

←誇り高きS.E.A.の紋章
↓カメリアが受け取った輝かしいメダルと終身会員の証明書。カメリアがS.E.A.の会員に認定されたときの式典の様子を描いた絵画もある

↑ハワイやインド、アラブの国や日本など、さまざまな国の使節団が博物館を表敬訪問していたようだ。博物館がオープンして間もない頃の絵画には、少女時代のカメリアの姿も描かれている

ロタンダ

↑ロタンダの中央にあるのは象形文字が刻まれた古代エジプトの記念碑オベリスク。チェッリーノがエジプトで手に入れたもので、土台には4つのS.E.A.の紋章がある

冒険　ロマンス　発明　発見

ドーム状の天井と8枚の絵画に注目

　ロタンダには博物館の常設コレクションが展示されている。ファルコ家が世界中を旅して収集した飛行に関する美術品や工芸品がずらりと並ぶ。ロタンダの上部には、国を問わず、古代から"空を飛ぶ"という果てしない夢を持ち続け、多くのチャレンジを繰り返してきたことがわかる8つの壁画が飾られている。その下には「生物学」「考古学」「技術」などの4つのカテゴリーに分かれた飛行に関する展示もある。

生物学

↑こちらは「生物学」の視点から飛行をとらえた展示。始祖鳥がトビウオらしき魚を襲っているような化石や、ひらひらと空を舞う植物の種も展示されている。種の形にも注目したい

考古学

↑ギリシャ神話に登場するイカロスが翼を失った様子の壺が中央に。魔法使いの空飛ぶほうきや魔法のじゅうたんの切れ端など、伝説上の品々も額に入った状態で展示されている

技術

↑中央には犬と猫の追いかけっこのエネルギーを利用して動力を得るユニークな乗り物が。バーベキューの熱で浮かぶ気球など、さまざまな飛行エネルギーの研究がされてきたよう

ギャラリー

博物館の特別展会場へ

　いよいよ、博物館の最大の見どころであるカメリア・ファルコ生誕100周年特別展のギャラリーへ。ここは大空を自由に飛びまわることに情熱を注いだカメリア・ファルコの飛行への思いが詰まった展示室。幼い頃の家族との思い出や飛行に生涯をかけた研究の成果、世界中を旅して手に入れた記念品などを見ることができる。

←ギャラリーに入ると、飛行への憧れを胸に抱き空を見上げるカメリアの肖像画が目に入る

↑この世界地図はカメリアが気球で世界を飛びまわったときの経路が記されている。よく見ると、飛行ルートは糸でたどられていて、気の向くまま風に任せて旅していたことがわかる

←ここから先が特別展の会場。この部屋で、ゲストは彼女のスピリットとの不思議な出会いを体験することになる
↓父親チェッリーノ・ファルコに抱かれる幼少期のカメリア。ガラスケースには、チェッリーノが旅先から家族へ送った手紙の中に入れた、はばたく鳥や蝶の折り紙が展示してある

↑好奇心旺盛なカメリアは世界の行く先々で、「空を飛ぶ」工芸品にも着目していたようだ。そのときに手に入れたアクセサリーや工芸品なども絵画とともに紹介されている

テラス

カメリアの夢の集大成

　ゲストはエキシビションルームを通ってテラスへ。そこでカメリアが開発した**ドリームフライヤー①**に乗って、空を飛ぶことの素晴らしさを体験することになる。通路にはカメリアがドリームフライヤーの設計図を博物館のスポンサーに見せている様子を描いた絵画が。さあ、準備が整ったら、いよいよテイクオフ！

↑通路にはドリームフライヤーの設計図を博物館のスポンサーたちに見せる姿の絵画がある

←これが、カメリアが仲間と力を合わせて開発したドリームフライヤー

さらに気になるポイント Foot Note

Point 1 ドリームフライヤー

　風を感じ、飛行するような感覚を体験できるシミュレータータイプの乗り物。美しい映像とともに、風や匂い、音や空を飛ぶ浮遊感が一体となって世界の遺跡や自然をめぐる。空を自由に飛ぶことを夢みたカメリアのスピリットそのもの。

↑眼下に広がるのはアメリカのモニュメントバレーのダイナミックな景色

Fortress Explorations

④フォートレス・エクスプロレーション

大航海時代の科学や天文学の歴史的偉業を伝える叡智の宝庫

ここは16世紀に活躍した探険家や冒険家たちによって結成された学会、S.E.A.の活動拠点。プロメテウス火山の麓に位置し、黄金のドームを中心に3層構造になったフォートレス（要塞）、大小の船荷が置かれたキー（埠頭）、ガリオン船ルネサンス号の3つのエリアで構成されている。それぞれのエリアでは、先人たちが培った大航海時代①の驚くべき偉業や業績に触れることができる。さあ、学会の全貌を探りに出かけよう。

↑ポルト・パラディーゾの港を見下ろすプロメテウス火山の麓に位置するエクスプローラーズ・ランディングにある

フォートレス（要塞）

スペインやポルトガルの城を思わせる3層構造の要塞。建物はまるで迷路のように階段や巡回路で結ばれている。偉人たちの発見を学べる7つの部屋や東西南北に配された展望台、フライングマシーンなど、大航海時代のさまざまな叡智に出会うことができる。

さらに気になるポイント
Foot Note

Point 1 大航海時代

西洋の冒険家や探険家たちが、新大陸の発見に向けて大規模な航海・探険を行った輝かしい時代。同時に天文学や航海技術、錬金術など、科学技術の研究が盛んに行われた時代でもある。

Column

ザ・レオナルドチャレンジとは

「フォートレス・エクスプロレーション」を舞台に、施設をめぐるウォークスルータイプのプログラムが実施されている。地図を手がかりに、謎を解きながらプロメテウス火山の噴火をおさえる「溶岩コントロールステーション」を見つけ出すプログラム。ミッションに成功すると努力への褒賞として、S.E.A.のメンバーになることが認められる。

↑謎が記されたこの地図を手に入れよう

才能と勇気ある者たちによって結成されたS.E.A.の活動とは

正式名称は「Society of Explorers and Adventurers」。S.E.A.の略称はその頭文字をとったもの。航海技術の発展と海洋探検を目的に、16世紀の探険家や冒険家、名高い船乗りや科学者、技術者、芸術家によって結成された学会だ。会員たちは、現在も「エクスプローラーズ・ランディング」にあるフォートレスを活動拠点に、大航海時代の素晴らしい冒険と科学的偉業を紹介している。

ロマンス
アーミラリー天球が示すものは「ロマンス」。ずっと昔から多くの人々の心を惹きつけてやまない、はるかかなたのロマンティックな宇宙の神秘について触れることができる

冒険
ガリオン船が示すものは「冒険」。誰もが地球は平たくて遠くまで進むと落ちてしまうと信じていた時代。冒険心旺盛な者たちは、それでも地球は丸いと信じて、大海原へ繰り出した

発明
偉人たちの輝かしい業績を今に伝える類いまれなる才能が生み出した発明品の数々を体感できる。地球の自転を証明する「フーコーの振り子」もここに再現されている

発見
紋章に描かれた羅針盤は「発見」。何気ない日常の中にこそ、ひらめきのヒントがある。一見ただ揺れているだけのペンデュラム（振り子）から何を見出せたのか考えてみよう

エクスプローラーズ・ホール

歴史に名を残す偉大なる12人の先駆者たち

マルコ・ポーロやヴァスコ・ダ・ガマ、レオナルド・ダ・ヴィンチなど、ホールを飾る肖像画は16世紀までの冒険や探険と科学の歴史にその名を残すS.E.A.の名誉会員たち。肖像画の下の壁画には、彼らがたどった世界地図や冒険に満ちた人生のハイライトが描かれている。

↑16世紀の探険家たちの冒険の旅に思いを馳せることができるキーステーション
←壁画は肖像画の偉人たちの年表になっており、それぞれの旅の出来事が描かれている

チェインバー・オブ・プラネット

金色に輝くプラネタリウム

青い光が神秘的な雰囲気をもたらすドーム形の天井には星座が描かれ、部屋の中央には16世紀初頭の人々が信じていた太陽系の模型がある。6ヵ所に設置されたハンドルをまわすと、水星、金星、地球、火星、木星、土星が太陽を中心に回転する仕組みになっている。

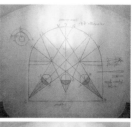
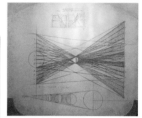
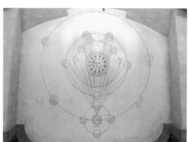

←↑模型を取り囲む壁には、レオナルド・ダ・ヴィンチが描いたといわれる太陽系の研究内容が。文字は鏡文字になっており、簡単に解読できないように暗号化されているという説がある

イリュージョンルーム

5面の壁画が一枚の絵に見えるレンズ

三方の壁面と天井、床に描かれているのは、火山の噴火に人々が驚き慌てふためく古代ローマの街の様子。肉眼ではゆがんで見えるが、絵の前の大きな凹レンズを通すと、不思議なことに一枚の絵に見える。その美しさは、まさにイリュージョン！

←↑これに使われているのはアナモルフォーズと呼ばれる技法。これはゆがんだ画像のことで、平面で見ると不可解だがレンズを通すとゆがみが消えて一枚の絵に見える

↑ここは16世紀のプラネタリウム。天動説と地動説が当時の人々の間で混在していた時代だ
←それぞれのハンドルの前にあるプレートの解説を読めば、どの惑星が動くかがわかる

ピュテアス
（紀元前300年頃）
白夜や海の凍結を
発見した航海者

プトレマイオス
クラウディオス・
（生没年不明）
ギリシャの天文学者

イブン・バットゥータ
（1350年頃）
モロッコ生まれの旅行家

サー・フランシス・
ドレーク
（1540－1596）
イギリスの航海者

レオナルド・ダ・ヴィンチ
（1452－1519）
イタリアの天才

フェルディナンド・
マゼラン
（1480－1521）
ポルトガルの探険家

レイフ・エリクソン
（1000年頃）
アイスランド生まれの
航海者

マルコ・ポーロ
（1254－1324）
イタリアの旅行家

エンリケ航海王子
（1394－1460）
ポルトガルの王子

クリストファー・
コロンブス
（1451－1506）
イタリアの航海者

ヴァスコ・ダ・ガマ
（1460－1524）
ポルトガルの航海者

チコ・ブラーエ
（1546－1601）
デンマークの天文学者

ナビゲーションセンター

大航海時代にタイムスリップ!

16世紀のヨーロッパでは、地球は平らで海の端まで行けば落ちてしまうと信じられていた。嵐が吹き荒れ、神話に登場する怪物と遭遇するなどの過酷な航海を、コントローラーを使って古い海図にある小さなガリオン船を動かしながら体験できる。

↑迷路のように入り組んだ航路を時折暴風雨に襲われながら進む。当時の航海者の勇気に敬服

ペンデュラムタワー

地球の自転を目で確認できる装置

ペンデュラムとは"振り子"という意味。吹き抜けの天井から揺れ続けるペンデュラムは、少しずつ向きを変えながら一定の周期でピンを倒していく。これは地球の自転によるもので、目に見えない力を可視化する偉大な発見。

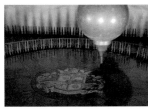

↑振り子がピンを倒していく様子を間近で見るのもおもしろいが、地球がまわっていることを思いながら上の階から見下ろすと感動的
←ここに隠されているのは地動説という大いなる発見。S.E.A.は地動説を証明しようと円形に並べたピンを振り子に倒させた

↑天井の星空に注目すると夜空に稲妻が走ることも。大自然の驚異は今も昔も変わらない

サンダイヤル・デッキ

太陽の光でわかる日時計

サンダイヤルとは"日時計"の意味。ゲストが入れる最も高いペンデュラムタワーの上部にある。リングの内側に刻まれた数字に落ちた矢の先端の影で時刻を読み取ることができる。

→サンダイヤル・デッキのそばを見上げると、海洋旗がなびいている。表すのはM・I・C・K・E・Y
↓太陽がサンサンと輝く晴れの日に行くと、太陽が示す時刻がわかりやすい

アルケミーラボラトリー

16世紀の錬金術師の実験室

アルケミーとは、"錬金術"の意味。16世紀頃に盛んだった錬金術を行っている。当時の錬金術師たちにとって、金をつくり出すことは、永遠の憧れであり、夢だった。かまどやフラスコ、泡立つ溶液などを見ると、つい先ほどまで誰かが研究をしていたように思える。

↑実験室には残されたメモがある。ひょっとしてそれを解読すれば金がつくれるかも……

カメラ・オブスキュラ

潜望鏡を利用したピンホールカメラ

「目で見たままの景色を描きたい」という画家たちの願いを叶えた発明品。絵の下書きに使われていた。潜望鏡のピンホールを通して入ってきた光が、メディテレーニアンハーバーの風景を映し出す。天気のいい日は映像がはっきりと映るようだ。

↑ハンドルをまわすと潜望鏡もまわり、メディテレーニアンハーバーの光景を360度眺められる

キャノン

港に向けられた大砲が

導火線を引くと轟音とともに大量の白煙を噴出する。ときどき不発なのはご愛嬌ということで。

↑メディテレーニアンハーバーに向かって大きな大砲が並ぶ。試しに導火線を引いてみよう

ガリオン船 ルネサンス号

　キー（埠頭）には幾度となく過酷な航海を乗り越えてきたであろうガリオン船ルネサンス号が停泊している。全長約30m。船内に入ると船長室をはじめ、調理室や貨物倉庫などがある。デッキには、重厚ないかり巻き上げ機や大砲などがあるので、見て触れて試してみよう。

船長室

↑ルネサンス号の中でいちばん豪華な船長室は、上部デッキの船尾最後部、舵操作棒の後ろにある

➡棒を上下させるといかりが上がる。下ろすときは留め木をはずす。足元の小窓でチェック可能

いかり巻き上げ機

多目的室

↑船員たちの多目的ルーム。棚に食器が並んでいるところを見ると、ここは食堂でもあるよう

航海士室

↑船の中でアカデミックな雰囲気がする航海士の部屋。机の上には航海図がある

キー（埠頭）

　ガリオン船の荷物を積み下ろしする場所。人力で操作するクレーンもあり、積み上げられた木箱や樽の周辺は、カーゴ・プレイグラウンドと呼ばれる絶好の遊び場。地面はふわふわとクッション性があって、時折、荷物から水が飛び出してくる。ガリオン船の船首にはディンギーが係留されている。

貨物倉庫

↑長期間にわたって海での生活を送る船員たちに必要なたくさんの品々

➡木箱や樽の上に乗ったり、樽の中をくぐったりして遊べるインタラクティブエリアになっている

③ ㉚ ㉞ ディズニーシー・トランジットスチーマーライン

船上を吹き抜ける風を感じながらテーマポートをめぐる蒸気船の旅

ポートディスカバリーが見えてきた！

メディテレーニアンハーバーの港から、もしくはアメリカンウォーターフロントのケープコッドの港から、時空を超えた未来のマリーナへ、古代文明の遺跡がある中央アメリカのジャングルへ、2つのディズニー映画の物語をベースにした宮殿と王国へ、そして火山の噴火によってできたカルデラの中へ……。ロストリバーデルタの港を含め、3ヵ所ある乗り場からパークを半周、あるいは一周できる蒸気船の旅。夜間の一部の航路をのぞき、航行中はそれぞれのテーマポートの魅力を紹介するアナウンスに耳を傾けながら蒸気船の旅へ出発しよう。移動手段としてだけではない、新発見もいろいろある。

アメリカンウォーターフロントから一周するコースに乗ってみたよ

アメリカンウォーターフロント・ドック

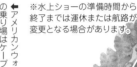

乗り場はタラの缶詰工場である「グランドバンクス・カナリー社」の出荷用波止場としても利用されている。蒸気船はパーク内を一周して再び戻る周遊コースと、ロストリバーデルタまでの片道運行を行っている。

S.S.コロンビア号をバックにケープ・コッドを通過中

※水上ショーの準備時間から終了までは運休または航路が変更となる場合があります。

← アメリカンウォーターフロントの乗り場はケープコッドにある

↑19世紀後半から20世紀初頭のアメリカで使われた小型蒸気船がモチーフ
➡蒸気船の中央にあるのは石炭ボイラー。1868年創業のオリバー・コール社のもの
⬇船首と船尾に積まれた荷物は、ボートによって異なる。旅行鞄もあれば輸出用荷物もある

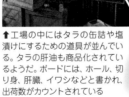

↑工場の中にはタラの缶詰や塩漬けにするための道具が並んでいる。タラの肝油も商品化されているようだ。ボードには、ホール、切り身、肝臓、イワシなどと書かれ、出荷数がカウントされている

「C-3PO」と書かれた水上飛行機があるよ。乗っていたのは……？

ロストリバーデルタ・ドック

粗削りな船着き場には、たくさんのフルーツのほかにジョーンズ博士が遺跡から発掘したと思われる古い像や標本を詰めた木箱などが並んでいる。宛名にニューヨークの北米国立自然史博物館の名前を見ることができる。

↑耳を澄ますと河岸から野生動物の声が聞こえる。夜のクルージングはさらに臨場感が増す

鬱蒼（うっそう）としたジャングルから一変、きらびやかなアラビアンナイトの世界へ

↑遺跡周辺から発掘されたもののようだ。調査のためか、港には数々の発掘品が置かれている

←右手にはマーメイドラグーンが。船から見えるのは貝殻とサンゴでつくられた岸壁。ゴツゴツした感じがリアル

↑川の両岸には美しい波の跡があり、橋には貝の模様が。陸地からでは見えない部分にも注目

カルデラ湖の噴気孔はときどき爆音を上げて高く水しぶきを噴き上げるよ

メディテレーニアンハーバー・ドック

乗り場はメディテレーニアンハーバーのポルト・パラディーゾにあり、レストランを営むザンビーニ・ブラザーズの醸造所でつくられたワインやオリーブオイルの出荷場も兼業。蒸気船はロストリバーデルタまでの片道運行を行っている。

↑メディテレーニアンハーバーの乗り場は「ザンビーニ・ブラザーズ・リストランテ」の向かいにある

→ワインを瓶や樽に詰めたり、樽にブランド名を刷り込む作業場がある。机の上には作業員が仕事の途中で飲んだと思われるワインのボトルやグラスが
←こちらは積み荷の予定表。イタリアの島々の名前や荷物を積み込む曜日などが記されている

SPEDIRE VIA MARE
TEMPOS DI IMBARCARE

SICILIA PALERMO TRAPANI	Giovedì	5000
CORSE BASTIA	Lunedì	7500
SARDEGNA CALIGARI	Venerdì	6900

Column

船にはそれぞれ冒険家の名前がついている

蒸気船は全部で4色11艘が航行し、各船には、海に関する探険や偉業で世界に名を残す歴史上の人物の名前がつけられている。

★フランシス・ドレーク
イギリス人としてはじめて世界一周を達成

★マルコ・ポーロ
アジア諸国を旅したヴェネツィアの旅行家

★モリー・ブラウン
タイタニック号の生存者。救助活動に尽力した

★ヘンリー・ハドソン
1609年にアメリカ北東部のハドソン川を発見

★ジョン・スミス
イギリス植民地の開拓者であり探険家、作家

★セバスチャン・カボット
イタリア生まれの地図製作者。世界地図を出版

★ボンセ・デ・レオン
「若さの泉」を探し求めたスペインの探険家

★アメリゴ・ヴェスプッチ
探険家。アメリカは彼の名前にちなんでいる

★クック船長
太平洋の島々に名前をつけたイギリスの探険家

★ピアリー海軍大尉
はじめて北極点に到達したアメリカの探険家

★レイフ・エリクソン
北米東部からニュージャージーの島々を発見した航海者

Venetian Gondolas

① ヴェネツィアン・ゴンドラ

水の都、ヴェネツィアを模した運河を進むロマンティックなゴンドラの旅

"宮殿の運河"の意味を持つ**パラッツォ・カナル①**から"パラダイスの港"ポルト・パラディーゾを周遊するゴンドラの旅。オールを操るのは2人のゴンドリエ。プルーア（船首）とポッパ（船尾）と呼ばれる場所に立ち、カンツォーネを唄ったり、おしゃべりしながら

運河を抜けて美しい南欧の海を目指す。すれ違うゴンドラの乗客に「チャオ」とあいさつすれば、より旅しているような気分に浸れるはず。入り組んだ細い水路から、雄大な港に出る瞬間は感動的だ。柔らかい光に包まれた夜のクルージングも雰囲気抜群。

↑美しい建物が立ち並ぶ運河から海へと進むゴンドラの旅を満喫しよう

さらに気になるポイント Foot Note

Point 1 パラッツォ・カナル

イタリアの海に浮かぶ水上都市ヴェネツィアを彷彿させるエリアのこと。"宮殿の運河"を意味する名前のとおり、美しい街並みが運河を取り囲むように広がっている。コースは東西を流れるカナーレ・デッラモーレ（愛の運河）と短い水路のカナーレ・デル・リド（リド運河）という2つの運河と5つの橋をめぐる。途中、願いが叶うといわれている橋を通るのが観光名所のひとつ。ライトアップされた夜は昼間とは違った雰囲気へと様変わり。それはどこから見ても絵画のよう。

↑乗り場はイタリア語で"ゴンドリエの島"を意味する「イソラ・デル・ゴンドリエーレ」にある。建物はレンガ造りの2階建てで、ヴェネツィアのカナル・グランデ（大運河）に見られる魚市場をモチーフにしている

↑乗り場の壁にはヴェネツィアの古い写真や絵画が飾られている。リアルト橋の絵画なども
←乗り場の天井には伝統的な紋章旗が飾られている。翼のある獅子はヴェネツィアの守護聖人、聖マルコを象徴している

↑水辺に建物の光が映り込み、"宮殿の運河"にふさわしい景色が広がっている

↑運河を出ると雄大な港ポルト・パラディーゾへ。目の前にはプロメテウス火山がそびえる

→船尾の飾りは、繊細なデザインの金色のオブジェ。太陽の光を受けてキラキラと輝く
↓「リストランテ・ディ・カナレット」の前にヴェネツィアン・ゴンドラが停泊しているときがある

↑船の先端にあるノコギリのような飾りは、フェッロと呼ばれる鉄製の飾り

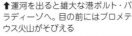

↑願い事が叶うといわれている橋は「ポンテ・デイ・ベンヴェヌーティ」。橋の下を通るときに願ってみて

渡り廊下にある三角形のゴシック様式のレリーフには、ヴェネツィアの守護聖人である聖テオドーロが、ワニを仕留めた様子が彫られている

レストランも
アトラクションの
ひとつ！

「リストランテ・ディ・カナレット」で アートに触れる

❶

❷

❸

ここはヴェネツィアの雰囲気を色濃く再現した運河沿いにあるリストランテ。景観の美しさもさることながら、日本最大級の石窯で焼かれるピッツァのレストランとしても大人気だ。もうひとつ注目すべきはカナレットの名画が鑑賞できること。

カナレットとは、18世紀に活躍した画家、ジョヴァンニ・アントニオ・カナルのこと。彼は舞台背景画家だった父、ベルナルド・カナルの影響を受けて、都市の景観を透視図法を使って正確に描き出すヴェドゥータ（都市景観画）の分野で才能を発揮した有名な景観画家だ。建物の大きさや位置関係を正確にとらえた絵を描くため、「カメラ・オブスキュラ」と呼ばれるピンホールカメラを使用。ここでピンときたら、あなたは相当のパーク通。そう、「フォートレス・エクスプロレーション」にも同じ名前の装置が展示されている。ヴェドゥータという技法は、「カメラ・オブスキュラ」が映し出す映像をそのままなぞるわけではない。さらに舞台芸術などにも使われる

クァドラトゥーラ※と呼ばれる手法を用いて錯視効果を利用し、奥行きのあるヴェネツィアの風景を描いている。店内はカナレットの絵画が飾られ、まるで美術館で食事しているよう。目前に広がるヴェネツィアを彷彿させる雰囲気の中、焼き立てのピッツァをいただきながら、カナレットが描いたヴェネツィアの風景画を鑑賞する。すると、海外を旅しているような気持ちでいっぱいになってくる。

※クァドラトゥーラとは：17世紀頃に生まれた遠近法で、目の錯覚を利用して平坦な絵画を立体的に見せる手法のこと。主にイタリアの天井画に用いられた。

❹

❶イタリアの代表的な観光名所、ヴェネツィアのリアルト橋とゴンドラの風景画
❷カナレットの肖像画（本名ジョヴァンニ・アントニオ・カナル）。1697−1768
❸カナル・グランデ（大運河）からつながるサン・マルコ運河の風景をとらえた風景画
❹アーケードから見た政治と宗教の中心地、サン・マルコ広場の風景

→店内奥にあるテラス席は、僕のお気に入りの場所。優雅な雰囲気をもっとも感じられる空間かも

↑広々とした店内の壁にはヴェネツィアの風景を描いたカナレットの絵画が飾られている
←「ポンテ・デッラルティスタ」、"芸術家の橋"と名づけられた橋を渡った先にあるのは、画家の名前を冠した「リストランテ・ディ・カナレット」

↑日本最大級の本格石窯で焼いたナポリピッツァが味わえる

アメリカンウォーターフロント

1 実在するストリートが大都市ニューヨークの街と港を結ぶ

コロンブスの像が立つコロンバスサークルからトイビル・トロリーパークへ向かう道が劇場街として名高い「**ブロードウェイ**」。「**ニューヨーク・デリ**」に至る小路は、20世紀初頭の音楽家たちの活動の場として知られる「**ティンパンアリー**」。ニューヨーク港へ向かう道が旧市街の「**ウォーターストリート**」。ブロードウェイとウォーターストリートの道を結ぶ高架下の通りが、商業広告が多いことで知られる「**デランシーストリート**」だ。どれもニューヨークに実在する道だが、それぞれの道には東京ディズニーシーならではの物語がある。

↑コロンバスサークルに立つコロンブスの像がアメリカンウォーターフロントの入り口

20世紀初頭の2つの港町ニューヨークとケープコッド。スタイルも雰囲気も全く異なるのに、どちらもステキにノスタルジック

AMERICAN WATERFRONT

20世紀初頭の活気ある大都市とのどかな漁村
ノスタルジーに満ちあふれた2つの港町

アメリカンウォーターフロント

20世紀初頭の、喧騒に包まれた大都市ニューヨークと北東部にあるニューイングランドの漁村ケープコッド。格調高い本格的なショーが繰り広げられる劇場や豪華なデパートメントストアなどが並び、自動車や高架鉄道が走るニューヨークは活気づき、新時代を迎えようとしている。一方ケープコッドは何世紀も前からタラ漁で栄えるのどかな漁村。趣は違えども、海とともに歴史を育んできた2つの港町はどこか懐かしい雰囲気でいっぱいだ。

2 ブロードウェイさながらのエンターテイメントに感動！

↑ミッキーのピアノ演奏とミニーの美しいボーカルの共演。最高のパフォーマンスを見せてくれる
←「THEATRE」の語尾の綴りが "er" ではなく "re" が使われている。あえて伝統を感じる古典的な綴りを使用しているのだ

1930年代から1940年代にかけて世界中を熱狂させたスウィングジャズを楽しめるレビューショー。オープニングは「It Don't Mean a Thing」。ミッキーの掛け声とともにダンサーがタップダンスをエキサイティングに披露する。ミニーがステージに登場するとミッキーのピアノ演奏に合わせて「I Love A Piano」をしっとりと歌う。場面が変わるとミッキーとミニーはハーレムにあるクラブシーンへ。「Diga Diga Doo」で一挙に会場中が盛り上がる。往年のファンにはたまらないスウィング、ブルース、ジャズの競演が続いたあとは、レビュー最大の見どころであるミッキーのドラム演奏だ。そんなミッキーが超カッコいい。

3 北米国立自然史博物館行きの恐竜の頭蓋骨がなぜここに？

「**バーナクル・ビルズ**」にある巨大な恐竜の化石はトリケラトプスの頭蓋骨。この化石がのった車体を見ると、北米国立自然史博物館宛の荷物のようだ。博物館の展示室が完成する前に港に届いてしまったため、以前から博物館と交流のあった「バーナクル・ビルズ」の店主が、一時的に保管場所として提供しているとか。商売上手な店主はチャンスとばかりに、「期間限定！」「恐竜を見るのはラストチャンス」と宣伝文句を掲げて店の集客に使っている。

↑バーナクルとは "フジツボ" という意味で、店名の「バーナクル・ビルズ」とは顔がフジツボに覆われた岩のように見える船乗りのニックネーム。誇り高き勇敢な船乗りのことを示す言葉
←荷物はこの他にもあり、ある木箱にはMARCUS BRODYの名前が。映画『インディ・ジョーンズ』シリーズに詳しい人なら気になる名前かも？

ブロードウェイ

ニューヨークでもっとも活気のある劇場街。通りのショーウインドウには舞台衣装や楽器が飾られており、音楽や舞台に関する店が軒を連ねる。ときどきレッスンスタジオからは練習中の歌声と近所の怒鳴り声、さらに吠える犬の声も聞こえてくる

ウォーターストリート

コロンバスサークルの右手は、船乗りたちが集まる旧市街。色褪せた古いレンガの建物が並ぶ通りにはガス灯が残り、1泊25セントで泊まれる船乗りのための手頃な宿や船の乗組員を募集する張り紙が目に入る。この通りの名前はマンハッタンに実在する

ティンパンアリー

ブロードウェイの大通りから、「ニューヨーク・デリ」の脇を入った通り。ティンはブリキ、パンは鍋、アリーは横丁という意味で、近所でブリキ鍋を叩く音がするから、その名前がついた。短すぎて通りという意識を持つ人は少ないが、ちゃんと通りの看板もある

デランシーストリート

ブロードウェイとウォーターストリートを結ぶ通りで、「ディズニーシー・エレクトリックレールウェイ」のちょうど高架下あたり。ニューヨークに実在する通りで商業広告が多いことで有名だ。この周辺にあるポスターや看板は、見た目のインパクトとユニークさで勝負！

④ 自動車が一挙に増えてニューヨークの交通事情が一変!?

←ブロードウェイの路上にあるサインには"この区画は馬車の通行禁止"とあり、馬や馬車が衰退したのがわかる

20世紀は大量輸送時代を迎える。同じ時代背景を持つアメリカンウォーターフロントも、トロリー(路面電車)は高架鉄道に替わり、同時に地下鉄も開通した。すると豪華な建物が並ぶブロードウェイでは馬や馬車の通行が禁止され、旧市街のウォーターストリートでさえも馬の姿はなくなり、馬をつないでおく手綱留めを残すのみとなった。通りを歩けば時代が目覚ましく変化していくさまを目の当たりにできる。

↑馬の手綱留めがあるのはウォーターストリート。「スチームボート・ミッキーズ」と「レストラン櫻」の間

↑トロリーの路線図。ブロードウェイ、デランシーストリート、ウォーターストリート、コロンバスサークルを周遊するようだ
←「トイビル・トロリーパーク」の中央にある椅子を囲むように線路が敷かれ終着駅だということがわかる

⑤ 路面電車の終点はおもちゃをテーマにした遊園地に

「トイビル・トロリーパーク」は「トイ・ストーリー・マニア！」がある、陽気なBGMとポップな建物が印象的な海の近くの遊園地。自動車が普及する前、ニューヨークの交通手段といえばトロリーが主役だった。当時、平日は多くの通勤客でにぎわっていたが、週末になると客足はさっぱり。こういう場合、終着駅に遊園地をつくることはよくあった。トロリー会社が経営する「トイビル・トロリーパーク」も同じようだ。その作戦は大成功。終点は常ににぎわいを見せている。

⑥ おみやげが並び手紙も届くペグおばさんの雑貨店

ケープコッドのはずれにあるアーリーアメリカン調の赤い建物は、ペグおばさんが営む村唯一の雑貨店「アーント・ペグズ・ヴィレッジストア」。ダッフィー＆フレンズの商品が豊富に揃う店だが、ペグおばさんの店は郵便局も兼ねている。この小さい漁村には郵便局がないため、ペグおばさんが兼業。買い物のついでに店の奥にある棚をのぞいてみると、たくさんの手紙や小包が届いている。なかには、フロリダのウォルト・ディズニー・ワールド・リゾートや上海ディズニーランドから来たものもある。

↑棚の上にDaisy DuckからD. Duck宛の小包が。大きくて入らなかったようだ

↑MICKEY MOUSEの名前も。宛名のMr.＆Mrs. J.W.Ellisさんはロブスターの漁をしている夫婦だ

↑ポスタルサービスと書かれた棚が私書箱。宛名と送り人の名前を見ると、思い当たる名前も

Tower of Terror　DPA ▲ 102cm ✳◇

㉘ タワー・オブ・テラー

東京ディズニーシー史上 "最恐" 絶叫ライドと超ミステリーの融合

　20世紀初頭のニューヨーク。1899年に起こったオーナーの失踪事件以来、ホテルハイタワーは呪いのホテルと噂され、閉鎖されていた。しかし**ニューヨーク市保存協会①**によって建造物として歴史的価値が見直され、修復・保存が認められた。これを

きっかけにホテルの見学ツアーがスタート。ゲストは**ハイタワー三世②**がアフリカのコンゴ川探険から持ち帰った**呪いの偶像③**や貴重なコレクションを見学し、彼の部屋がある最上階へ向かうのだが、エレベーターの中で思わぬ出来事に遭遇する。

↑昼間はわかりにくいが、夜になるとホテルハイタワーの上に浮かび上がる「タワー・オブ・テラー」の英語

さらに気になる ▼ポイント▲ Foot Note

Point① ニューヨーク市保存協会

　ニューヨーク市の価値ある建物の修復・保存を目的に立ち上げられたもので。設立の最たる目的は、ホテルハイタワーを解体の危機から救うこと。ツアーを通して、ミステリアスに包まれたホテルハイタワーをめぐり、芸術性や歴史的価値の高い品々、そして建物の価値を再確認し、由緒あるホテルを後世に伝えようとしている。

Point② ハイタワー三世

　本名ハリソン・ハイタワー三世。彼は栄華を極めた大富豪であると同時に、世界の秘境を旅する探険家。といってもただの探険家ではない。世界各国の価値の高い美術品や骨董品を集める強欲な収集家であり、行く先々であの手この手を使い、さまざまな文化的遺産を略奪してきた人物なのだ。S.E.A.の名誉会員だという噂もあるが……。

Point③ 呪いの偶像

　ハイタワー三世にとって最後の探険となったのが1899年のアフリカ探険旅行。そこで手に入れたのが呪いの偶像 "シリキ・ウトゥンドゥ" だ。体中にクギや金属片が打ち込まれていて、現地のムトゥンドゥ族の言葉で、「災いを信じよ」という意味がある。

ハイタワー三世が建てたホテルハイタワーとは

　ニューヨークの街を見下ろす、ひときわ目を引く14階建ての建物の主なデザインはゴシック様式とヴィクトリア朝様式。よく見れば増築の跡が残り、インド風、イスラム風など、さまざまな建築様式が組み込まれ、ハイタワー三世の趣味を色濃く反映したつくりになっている。外観を見るだけで、世界をまたにかけたハイタワー三世の探険の軌跡を感じることができるのだ。しかも館内にはハイタワー三世自身の富と権力を誇張しようと、旅先で見つけたコレクションを随所に取り入れている。ホテルとは名ばかりで、ハイタワー三世は世界各国から収集してきたコレクションを披露するための展示場にしたかったのかもしれない。

★ホテルフロアガイド

ロビー	ホテル売店 ラジャのプール オリンピック・レストラン
中2階	チャイナドール美容室 アステカゲーム室 アレクサンドリア図書室 サンルーム
1階	女性用休憩室
2階	男性用喫煙室
4階	アトランティス・ボールルーム
5階	エクスプローラーズクラブ・ミーティングホール
6・7階	ハイタワーミュージアム
12階	ペントハウス

→庭園から建物を見上げると、壁には巨大な彫刻が。右手に見えるのは「インディアンタワー」

↑ハイタワー三世は、ここに自分の王国を築くために、遠い伝説の王国から不変の美と神秘の作品を集めた、というメッセージプレートがある

→ハイタワー三世自慢の庭園には、エジプトの女王の像や古代ローマの女神像、ヴェネツィアの彫像など、世界中から集めてきた希少な石像が展示されている

庭園

　北東側に位置する荒れ果てた庭園は、ハイタワー三世の失踪前はホテルの見どころのひとつだった。世界各国から収集した彫像は、すべて伝説上の女性の像。無残にも倒れたものや風化しているものもあるが、どれも芸術的に大変貴重なコレクションばかり。

インディアンタワー

8階建てのタワーはインドのムガール様式を取り入れたデザインが特徴。このタワーには、ハイタワー三世が開いたコンゴ川探険の帰還祝いパーティーの会場となったアトランティス・ボールルームとゲストルームがあった。

グレートタワー

14階建てのヴィクトリア朝様式の建物。11階まではほとんどが客室で、左右に突き出した上層階はスイートルームと贅を凝らしたハイタワー三世の部屋。その形はハンマーのようで、あらゆる物を打ち砕くということを表しているらしい。

カリフスタワー

縞模様のある薄茶色の5階建てのタワーで、かつての「ラジャのプール」と大邸宅に隣接している。建物は装飾的な窓と狭間のある胸壁を特徴とするムーア様式でデザインされている。

プール

現在はツアー客のためのみやげ物屋「タワー・オブ・テラー・メモラビリア」だが、かつては「ラジャのプール」という名の屋内プールだった。ラジャとは"インドの王"を意味する言葉。ハイタワー三世らしいネーミングだ。

オリンピック・レストラン

かつてホテルハイタワーにはレストランがあった。入り口にはメニュー表があり、前菜、スープ、メイン料理とあるのだが、子牛の頭の煮込み料理やオオトカゲのヒレステーキなど、どれもゾクッとする料理ばかり。

大邸宅

大邸宅はもともとハイタワー三世の父親が建てたもの。さまざまな手が加えられ、ホテルのメインエントランスに姿を変えた。5階建ての建物にはゴシック様式とヴィクトリア朝様式が取り入れられているが、北西のファサードにはペルシアのデザインが採用されている。

車寄せ

ホテルの北西の角には、豪華な装飾を施した石柱や鉄細工のアーチ、梁、格天井で飾られた車寄せがある。アール・ヌーヴォーのデザイン様式を取り入れた唯一の建築物で、かつては馬車停めだったよう。

Column

掲示板にある新聞記事

ホテル正面の歩道にある掲示板にハイタワー三世にまつわる記事がスクラップされている。"ハリソン・ハイタワー三世、偉大な人物"や"ホテルハイタワー、輝かしいはじまり""悲劇の結末、永遠のミステリー"などを報じる新聞の見出しや、写真を見ることができる。

ハイタワー三世が世界を旅した記録が残るロビー

ハイタワー三世のスピリットがもっとも色濃く反映された場所。彼は探険で手に入れたものをホテルに展示することで、豪華なロビーを世界征服の象徴の場にしていたようだ。これまでの探険での武勇伝を誇示するために描かせた壁画があちこちに飾られている。また、ハイタワー三世謎の失踪事件の爪痕を残すエレベーターも見ることができる。

➡エントランスを入ると、高い天井からシャンデリアが吊るされたゴージャスなホテルのロビー
⬇左右2体の彫像が見守るフロント。カウンターの上には当時の宿泊者名簿が広げられたままに

⬅アジアの探険の中で日本に訪れた際、城から鎧や刀を人力車にのせて逃げ去る絵が飾られている
⬇いちばん目立つところにハイタワー三世の肖像画が。暖炉にはカンボジアの探険で入手した寺院の一部がある

ハイタワー三世、謎の失踪までの探険の歴史

1879年…ルーマニア、ヨーロッパ探険旅行
1880年…東アフリカ探険旅行
1881年…イースター島、オセアニア探険旅行
1882年…ギリシャ、地中海探険旅行
1882年…ローマ、地中海探険旅行
1883年…メソアメリカ探険旅行
1884年…インド探険旅行
1886年…アジア探険旅行
1887年…王家の谷、エジプト探険旅行
1892年…ホテルハイタワーオープン
1899年…アフリカ探険旅行・コンゴ川探険
1899年…12月31日
　　　　ハイタワー三世失踪

⬆ヨーロッパの探険では、野生のオオカミの群れに追われながら巨大なガーゴイルをソリにのせて城から持ち去る様子が描かれている
⬅事件当日、ハイタワー三世が謎の失踪をしたエレベーター。無残な状態のまま残っている

来客に見せるための記念写真が飾られたウェイティングルーム

⬆ハイタワー三世がシリキ・ウトゥンドゥの像を手にし、ムトゥンドゥ族の首長と撮った写真が入り口そばに

ここはハイタワー三世のプライベートオフィスの待合室。格天井（ごうてんじょう）が目を引くゴシック調の部屋には、アジア、南北アメリカ、ヨーロッパ、エジプト、地中海、ニューヨークと、探険先で撮ったハイタワー三世の写真が地域ごとに飾られている。写真に写っているいくつかの美術工芸品は、ホテルの庭園や秘密の倉庫で見ることができる。従者のスメルディングが一緒に映っているものもある。

ハイタワー三世のプライベートオフィス

ここは最後にハイタワー三世が記者会見を行ったプライベートオフィス。彼が失踪した事件当夜の1899年12月31日、その奇妙な偶像シリキ・ウトゥンドゥを披露するため、ハイタワー三世は大勢の新聞記者たちを集めてコンゴ川探険の帰還祝いのパーティーを開いた。ハイタワー三世は集まった者たちに、傲慢な態度で呪いの力をあざ笑いながら話していたようだ。ゲストは失踪前のハイタワー三世の記者会見の声を蓄音機で聞くことができる。

⬆プライベートオフィスにある1899年12月31日のハイタワー三世の記者会見を録音した蓄音機。失踪前の最後の声
⬅事件の影に潜む呪いの偶像、シリキ・ウトゥンドゥ。ハイタワー三世の失踪は偶像の呪いによるものだという噂がある

奪ってきた美術品が並ぶ
秘密の倉庫

　吹き抜けになった2階建ての巨大な倉庫には一般公開されなかったコレクションが数多く収蔵されている。背の高いアステカの骸骨の神や鎖につながれた野獣の巨大な彫像。1階の中央に置かれているのは、砂岩でつくられたエジプトのラムセス2世像。コレクションのなかでもっとも大きいものだ。壁に沿った小部屋風の空間にはまだ開封されていない木箱がたくさん積まれている。

↑薄暗くミステリアスな雰囲気が漂う巨大な倉庫。世界中から集められた彫像や彫刻をはじめ、さまざまな美術工芸品が並ぶ

↑ラムセス2世像の正面には装飾が施されたファラオの金の玉座がある。玉座の両側にはオニックスでできた2体の彫像が座っている
➡台座に立てかけられた2つの石棺。ひとつは蓋が開いていてファラオのミイラが見えている。棚にはミイラの内臓を入れる壺が

美術品の写真が並ぶ
ドキュメンテーションルーム

　1階の倉庫入り口近くにある、ハイタワー三世が新しく入手した美術工芸品の写真を撮ったり、記録したりする場所。彼が最後に持ち帰った、記録作業中のアフリカの美術工芸品が数多く見られる。現像されたシリキ・ウトゥンドゥの写真も。

↑ドキュメンテーションルームから2階へ上がるとカタログルーム。ここにもコレクションの記録写真や書類が収蔵されている

種類別に整理された6つの
コレクションルーム

　コレクションルームは全部で6つ。主にヨーロッパ各地から集めてきた絵画のコレクション、さまざまな国から集めてきた鎧や盾のコレクション、ほかにもタペストリー、古代武器、建築工芸品、仮面のコレクションルームがある。ハイタワー三世の欲深さは計り知れない。

↑仮面のコレクションルーム。世界中から集められた原始的な仮面や儀式用の仮面が飾られ、ただならぬ不気味な雰囲気を漂わせている

業務用エレベーターに乗って
ハイタワー三世の部屋へ

　ホテルハイタワーでのパーティーの終盤、ハイタワー三世はホテル最上階にある自分の部屋に行こうとシリキ・ウトゥンドゥを抱えて乗ったエレベーターが落下。かぶっていたフェズ帽と呪いの偶像シリキ・ウトゥンドゥだけを残し、忽然と姿を消してしまったのだ。世間を騒がせた失踪事件は、多くの謎を残したまま今に至る。ゲストはハイタワー三世の部屋へ向かうために業務用エレベーターに乗るのだが……。

↑絵画のコレクションルーム。中世の騎士の堂々たる姿を描いた肖像画はこの部屋では最大。その絵画自体がエレベーター乗り場に続く扉になっている

↑業務用エレベーターに乗り、ハイタワー三世のプライベートルームがある最上階へと向かう

Toy Story Mania! `DPA` `3D` `*`

㉛トイ・ストーリー・マニア！

おもちゃの世界の住人になって 3Dシューティングゲームにトライ！

トイビル・トロリーパークにある巨大なウッディの口から中に入ると、そこは大きなパズルやすごろくなど、おもちゃがいっぱい置かれたアンディの部屋。ゲストはウッディの口を通り抜けた瞬間におもちゃサイズになってしまったのだ！　ディズニー＆ピクサー映画『トイ・ストーリー』の仲間たちはゲストを誘い、アンディが外泊した日に彼が買ったばかりのおもちゃ「トイ・ストーリー・マニア・カーニバルゲーム・プレイセット」①で遊んでいる。組み立てたゲームはアンディのベッドの下にある。

↑アトラクション入り口の超ビッグなウッディの顔が目印

ゲストはおもちゃサイズになって アンディのクローゼットへ入る

チェッカーボードのコマや積み木、クレヨンやドミノなどが巨大なのは、ゲスト自身がおもちゃサイズに小さくなってしまったから。ここはおもちゃがいっぱい並ぶクローゼットの中。

↑大きなぬり絵とクレヨンが立てかけてある。探してみて
←厚紙の台紙でできた切り絵を立てて遊ぶキャニーキャノンの的当てゲーム

↑アンディのクローゼットはまるでカーニバルテントが並んだにぎやかな遊園地
←ミスター・ポテトヘッドとウッディが描かれたブースで3Dメガネを受け取ろう
→壁にあるコレクターカードには各ゲームの遊び方やヒントが描かれている

さらに気になる
▶ポイント◀
Foot Note

Point ①

トイ・ストーリー・マニア・カーニバルゲーム・プレイセット

これは付属のトラムに乗り、シューターで、お皿や風船などをターゲットに命中させてポイントをゲットするゲーム。ウッディと仲間たちは、アンディが大切にしているこの「トイ・ストーリー・マニア・カーニバルゲーム・プレイセット」でいつか遊んでみたいとうずうずしていた。ウッディは、アンディが友だちの家に泊まりに行った日に作戦を決行することを計画。そしてついにその日がやってきた！　ウッディたちはクローゼットにしまってあったプレイセットの箱を開けてベッドの下に組み立て、たくさんのおもちゃを使って、楽しいカーニバルの雰囲気に飾りつけたのだ。

大きな扉の先はアンディのベッドルーム

クローゼットの扉が閉まらないように、積み木を重ねてドアを固定している。中に入るとアンディのベッドがある。トラムに乗ったら、トイ・ストーリー・マニア・カーニバルゲームのスタートだ。

↑乗り場近くにある本棚には『トイ・ストーリー』のキャラクターや、ディズニー＆ピクサー映画の短編の書籍が並んでいる
←ミッキーの時計はディズニー＆ピクサー映画『トイ・ストーリー』でアンディの部屋に飾られたものと同じ

↑ゲストが乗るトラムは、トイ・ストーリー・マニア・カーニバルゲームの付属品。準備ができたら、アンディのベッドの下へ出発

おもちゃの世界の
最新ゲームにチャレンジ！

トラムの座席の前にあるシューターは、上下左右に動き、紐を引くと弾が飛び出す仕組み。ターゲットに狙いを定めて、5つのカーニバルゲームをクリアしよう。最後に得点を稼げるボーナスチャンスもある。

← シューターは紐を引くと弾が飛び出す。遠くに飛ばすならやや上目を狙おう

ハム＆エッグ

↑ブタやウシ、トリなど動物のおもちゃにタマゴをぶつけよう。横切っていくニワトリは高得点のチャンス

レックスとトリクシーの恐竜ダーツ

↑ダーツを投げて、火山から次々と吹き出される風船を割ろう。頂上から流れ出す風船が狙い目

グリーンアーミーメン・シュートキャンプ

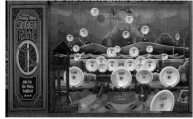

↑次々と現れるお皿にボールを投げて割りまくれ！金色のお皿は高得点。パリンと割れる音が快感だ

バズ・ライトイヤーのフライングトーサー

↑次々と出てくるリトルグリーンメンやロケットにリングをかける。少し上目を狙おう！

ウッディのルーティン・トゥーティン・シューティン・ギャラリー

↑西部の町や砂漠のターゲットにダーツを発射。高得点になるターゲットも登場する

ウッディのボーナスラウンドアップ

↑5つのゲームが終わるとボーナスラウンドに。スコアを大幅にアップさせるチャンス。休まず撃ちまくろう

Column

スコア

ゲームが終わるとスコアの発表。このボードには1時間以内と、当日、今月のトップスコアが表示される。どれくらい得点をのばせたか、チェックしてみて。

↑ゲームが終了すると、ミスター・ポテトヘッドが現在のトップスコアを発表する

トイビル・トロリーパーク

大きな顔の口からアトラクションに入るというデザインは、ニューヨークのブルックリンの海沿いにあるルナパークの20世紀初頭にあった建物がヒントになっている。『東京ディズニーランドガイドブックwith風間俊介』(P11)の「ペニーアーケード」でも紹介したコニーアイランドは、このルナパークなどがある観光地。陽気な雰囲気の外装や、風変わりな塔、きらびやかな電飾は、当時の遊園地を彷彿とさせる。

↑東京ディズニーランドの「ペニーアーケード」に飾られている当時の遊園地の写真

トイビル・トロリーパークで
ディズニー＆ピクサー映画『トイ・ストーリー』の世界観を楽しもう！

トイビル・トロリーパークはおもちゃをテーマにした遊園地。レトロな雰囲気が漂う園内では、ミニゲームやショー、ショッピングが楽しめる。もともとニューヨークを走っていたトロリーの終点で、大勢の人を集めるためにつくられた遊園地だったようだ。

トイボックスプレイハウス

←ミスター・ポテトヘッドがゲストを巻き込んで歌やゲームで盛り上がる

ブルズアイのカーニバルコラール

←『トイ・ストーリー』のキャラクターたちにちなんだ遊べるコーナー

↑夜はイルミネーションが輝き、古き良きアメリカの遊園地を思わせる

Big City Vehicles

㉜ ビッグシティ・ヴィークル

20世紀初頭に活躍していたクラシックカーが ニューヨークの街を走る

20世紀初頭、馬車に替わる新しい動力として、脚光を浴びた自動車。クラクションを鳴らしてスタイリッシュな自動車5種類の車両がニューヨークの街を走行中。オープンカーやポリスワゴン、デリバリートラックなど、デザインは当時を思わせるスタイル。

クラシカルなボディも魅力だが、車両から見る街の雰囲気も最高。ベンチシートに身をゆだねれば、ゆっくりと時代をさかのぼり、活気あふれた頃のニューヨークへトランスポートしたような気分を味わえるはず。できれば全車種に乗ってみては。

↑「リバティ・ランディング・ダイナー」の横。ニューヨーク港に「ビッグシティ・ヴィークル」の乗り場がある

ツアーバス

モチーフは20世紀初頭、ニューヨークで走っていた「ジットニーヴィークル」という名の低料金で走る区間バス。観光用バスのため、車体の後部には自由の女神やフラットアイアン・ビルディング、ブルックリン橋などのグラフィックアートが描かれている。

↑車体のフロント部分に書かれているゴッサムとはニューヨークの俗称。観光ツアーにおすすめだ

↑9人乗りだから、大人数のファミリーやグループでも大丈夫。ゆったりニューヨークの観光旅行を楽しもう
➡ブロンクス、マンハッタン、スタテンアイランドへの観光も実施

デリバリートラック

コモドール・アイス・カンパニーという製氷会社が所有するステークベッドトラック「クラカウアー」。車体にかかれているように。ブロックアイスやチップ・オブ・オールドアイスを運んでいる。木枠で囲まれた荷台が往年のトラックの風情を漂わせている。後部のステップから乗車する。

↑100％純粋なハーレム川の水を使用して氷をつくっているようだ。きっときれいに透き通った川なのだろう

↑「ICE」と表記があることからわかる氷の輸送車。当時は電気冷蔵庫が希少だったため大活躍していた
➡この会社のシンボルマークは溶けだした流氷の上に乗るシロクマ。なんともクールなシロクマだ

ポリスワゴン

後部座席の鉄格子からもわかるように、容疑者の一斉検挙や犯人逮捕、囚人護送に使われる警察車両。「ポリスワゴン」とは通称で、車体には「マーフィー・ブルドッグ」と刻まれている。パークでは「ポリスワゴン」に乗ると笑顔になるらしい。

➡護送車に保釈金会社の広告!?営業所はマンハッタン、ブルックリン、ハーレム、クイーンズにあるよう

⬅後部の鉄格子で囲われた座席に乗車することができる。日頃なかなか味わうことのできない体験だ

ライトニングボルト

テスラカンパニーという会社によって製造された未来型ヴィークル。屋根に取りつけられた8つのアンテナは実は避雷針。雷のエネルギーから電力を集め、座席側面に取りつけられた銅管で変電し、タイヤの横にある大きな4つの銅製コイルで蓄電する仕組みになっている。

⬆真っ赤なボディがニューヨークの街に映える。雷のエネルギーから電力を集めた乗り心地をぜひ試してみよう

➡後部タイヤの両脇についているのが雷から集めた電気を蓄電する装置。このヴィークルは雷の電気を集めて走る電気自動車

タウンカー

以前は2車両走っていたが、現在走行しているのはハートレイ・ウルフという会社が製造したタイプのみ。20世紀初頭に観光用ヴィークルとして活躍した大型のオープンカーだ。当時の人々が憧れていたオープンカーでニューヨークのドライブを楽しもう。

⬅ダークグリーンのシックな車体はハートレイ・ウルフ社製。ふかふかのシートで乗り心地は抜群。クラクションの音もいい

➡車体に貼られたステッカーを直訳すると「新世紀自動車遊覧」と書いてある。ニューヨークの遊覧旅行を楽しもう

Turtle Talk

㉗ タートル・トーク

泳ぎもしゃべりもとっても楽しい ウミガメのクラッシュと絶笑トーク！

舞台はアメリカンウォーターフロントに停泊中のS.S.コロンビア号の海底展望室。ここはディズニー＆ピクサー映画『ファインディング・ニモ』シリーズに登場するウミガメのクラッシュと会話を楽しめるインタラクティブ型のアトラクション。**ハイドロフォン①**を使って海で暮らすクラッシュがゲストに質問したり、されたり、愉快なトークで、会場内を笑いの渦に巻き込んでいく。どんな会話になるかはそのときに参加したゲストと、クラッシュの気分次第だ。クラッシュと会話できるなんてサイコーだぜー。

↑ゲートはS.S.コロンビア号の船尾前にあり、ここからクラッシュに会いに海底展望室へ向かう

さらに気になるポイント Foot Note

Point 1 ハイドロフォン

ハイドロフォンとは乗客や科学者たちと海の生物との会話を可能にした水中マイクのこと。つまりこれはウミガメのクラッシュと話せる特殊なマイク。海の生物の言葉は、人間の耳では聞き取れない波長。その波長を変換することによって海の生物の言葉を聞き取ることができるようになった。ハイドロフォンは20世紀初頭の大発明だ。

↑これがエンディコット海洋学研究所の研究員が発明したハイドロフォン。中央にあるのがマイクだ

ミュージアム

S.S.コロンビア号と 海底展望室の資料を公開

S.S.コロンビア号の歴史と海底展望室の成り立ちを伝える写真や新聞記事、科学雑誌の特集記事を紹介している。なかでも注目したいのがS.S.コロンビア号を建設する様子の写真や初航海の様子、そして断面図などだ。

↑通路にある壁や柱にはS.S.コロンビア号に関する興味深いさまざまな写真や新聞記事、貴重な資料が展示
➡S.S.コロンビア号の貴重な断面図。レストランやダンスホールなどがある6層構造の豪華客船であることがわかる。クラッシュとおしゃべりできる海底展望室は船尾にある

↑こちらはS.S.コロンビア号の建設中の写真。海底展望室でクルーたちとクラッシュが一緒に撮った写真もある
➡こちらのパネルではハイドロフォンがどのように開発され、どんな仕組みで会話ができるのかが紹介されている

海底展望室

ウミガメのクラッシュと 話せる夢の空間

海底展望室の正面にある大きなガラス窓にクラッシュが登場し、楽しい会話を楽しめる"サイコー"な空間。ジンベエザメのデスティニーやナンヨウハギのドリー、カクレクマノミのマーリンたちが登場することもあるかも。

レクチャーホール

海の仲間たちを一堂に展示

↑クラッシュはもちろん、映画『ファインディング・ニモ』に登場する魚たちも紹介されている

海の仲間たちが大きな3枚の壁画と小さな額入りの絵で見ることができる。クラッシュをはじめウミガメの仲間たちやシロナガスクジラ、サンゴ礁に生息する海洋生物の仲間たちがズラリと並んでいる。

↑さまざまなスライドを使って、画期的なハイドロフォンの特徴をゲストに説明してくれる

⬇ゲストとの会話を楽しみにしているのは、ウミガメのクラッシュ。クラッシュの掛け声に合わせて"ウォー"と両手をあげよう

↑ゲストはガラス越しにリアルタイムでクラッシュと会話することができる

DisneySea Electric Railway

㉙㊶ ディズニーシー・エレクトリックレールウェイ

20世紀初頭のニューヨークと時空を超えた未来のマリーナを行き来するレトロな高架鉄道

赤と青がマッチした車両は、20世紀初頭のニューヨークの街を走っていた公共交通をヒントに再現された高架鉄道①。2両編成の電動式で線路から電力を得ているため、車両上部にパンタグラフも架線もない。座席は背中合わせに左右の窓側に向けられているので、ニューヨーク港やメディテレーニアンハーバー、プロメテウス火山と、どちらに座っても、地上からの眺めとはひと味違った大パノラマが楽しめる。さあ、20世紀初頭のニューヨークへ、もしくは時空を超えた未来のマリーナへ出発。

↑アメリカンウォーターフロント・ステーションの入り口。昔ながらの高架鉄道駅がベースになっている

さらに気になるポイント Foot Note

Point 1 高架鉄道

経済が発展した20世紀初頭、アメリカの大都市ニューヨークは大量輸送時代を迎えていた。大勢の人々を円滑に輸送するために道路にレールが張りめぐらされトロリー(路面電車)が活躍していたのだが、ガソリンで走る自動車が大量生産されると交通渋滞が社会問題に。そこで車の交通を妨げないように高架の線路が建設され高架鉄道が走りはじめたのだ。アメリカンウォーターフロントは、まさにそんな時代を表している。

Column

駅長室と駅員室

アメリカンウォーターフロント・ステーションには、臨場感あふれるシーンに触れることができる場所がある。それは駅員室。1階のマネージャーオフィスのドアには「昼食のため外出中」のボードがかかっている。そして2階の駅長室には当時としては最新式の運行管理システムの機械の前に大きなリンゴが……。ニューヨークは別名ビッグアップルとも呼ばれている大都市。ニューヨークにかけたディズニー流のシャレかも。

↑プラットホームに上がる階段の奥にレイルウェイマネージャーと書かれたドアを発見!
←大きなリンゴが置かれた駅長室は階段を上がった2階にある。窓から中を覗いてみよう

↑ステーションの車両停止位置の先はトロリーのメンテナンスを行う施設になっている

←駅舎の壁に貼られているのは「ディズニーシー・エレクトリックレールウェイ」の看板広告

アメリカンウォーターフロント・ステーション

↑「タワー・オブ・テラー」を背景に走る車両は赤と青をベースとしたクラシックなデザイン

ディズニーシー・エレクトリックレールウェイの車窓から

↑駅舎から見える自由な国、ニューヨークでよく見かけそうなソーホーのイメージ

↑目の前はハドソン川。その向こうに停泊しているS.S.コロンビア号を望める

パーク内のおすすめ撮影スポット

←車両の前方からすれ違う車両を撮影。障害物なしで車両を撮れる決定的瞬間が狙える

→「フォートレス・エクスプロレーション」の要塞の上からS.S.コロンビア号を背景に撮影

↑こちらはポートディスカバリー・ステーション。未来の空想都市風デザインの高架鉄道駅

↑ポートディスカバリー・ステーションの可動式車止め

ポートディスカバリー・ステーション

↑「All aboard!」の声でポートディスカバリーからアメリカンウォーターフロント行きが発車する

↑駅舎の左右にある巨大な壁画には、ポートディスカバリーの住人が想像した未来の乗り物が描かれている。鳥が翼を広げたような帆を持つ船やサンフィッシュ・サブのような形の潜水艇、未来の高速鉄道など、どれもユニークな形だ

歩いて行ける距離でも、ゆっくり走る高架鉄道に乗ることによって、美しい景観に出会える。
ニューヨーク港の活気ある様子や、弧を描くのどかなポルトフィーノの港町、雄大なプロメテウス火山など、まるで絵葉書を見るよう。

↑プロメテウス火山も高架鉄道から見ると、植物が生い茂っていて、息吹を感じられる

↑太陽の光にキラキラと輝くマリーナ。時空を超えたマリーナなのにどこか懐かしい感じ

↑ポートディスカバリーに到着。遠くまで広がる海を見ることができる

↑鉄橋オールド・アーモリィ・ブリッジを走る姿をハドソンリバーブリッジから激写

↑ニューヨークを出発し、美しい直線の向こうに鉄橋とプロメテウス火山が見える絶景

↑アメリカンウォーターフロント・ステーションに近い、究極のS字カーブのWショット。すれ違う様子が感動的

① 20世紀初頭の人々が描いた時空を超えた未来のマリーナ

メタリックな建物が並ぶこのマリーナは、「ハイテク」「サイエンス」という言葉よりも「自然」と「科学」が調和した時空を超えた未来。かつてヴェネツィアやジェノバなど海洋貿易で栄えた都市は多くの偉大な海洋研究の拠点だった。ポートディスカバリーはまさに、こうした都市の未来版。このマリーナを思い描いたのは20世紀初頭の人々だ。当時一世を風靡したヴィクトリア朝建築様式と流線形のモダンなデザインが加わることによって、どこか懐かしさを感じる全く新しい空想的な未来が完成した。

↑日が暮れるとポートディスカバリーの地面を照らす幻想的なライト

←デザインの一部に取り入れられた平巻き貝のモチーフ。自然と科学が調和した要素があちこちで見られる

水上の自動運転を可能にした「アクアトピア」やチヂミニウムを使って海底を泳ぐ「ニモ&フレンズ・シーライダー」の異次元の未来に感動

PORT DISCOVERY ポートディスカバリー

我々の世界と交わることなく発展する自然科学を研究するもうひとつの未来

ここは海洋研究における世界的な拠点。人類最後のフロンティアである海をより深く理解するために世界中の科学者たちが集まり、海洋におけるさまざまな自然について研究をしている。その活動の中心拠点となるのが海洋生物研究所。研究中のウォータービークルに試乗できたり、ユーモラスな形をした潜水艦なども見られる。毎年その潜水艦による海底レースが開催されるなど、話題も豊富な時空を超えたマリーナだ。

② 水門から噴き出す海水が好奇心をくすぐる

ポートディスカバリーの分厚い鉄の水門から流れる海水。港や船を守るためにつくられた別名「シーウォール」と呼ばれる水門だ。船が外洋に出るときに開く仕組みになっている。水があふれているのは、門の向こう側の水位のほうがマリーナよりも高いため。「ディズニーシー・エレクトリックレールウェイ」でポートディスカバリーの駅から見下ろすと、水門の向こうまで海が広がっていることを想像させるからワクワク感が止まらない。

③ 毎年盛大に行われる年に一度のグランプリレース

ポートディスカバリーでは毎年サンフィッシュ・サブという潜水艦によるレースが行われている。マンボウ形の潜水艦は、意外と早く水中を進むようだ。海に臨む「ホライズンベイ・レストラン」の入り口天井には、昨年、激しい戦いを勝ち抜いて優勝した潜水艦サンフィッシュ・サブが展示されている。店内中央に飾られているのは「シーカップ」と呼ばれる巨大な優勝トロフィー。台座には優勝者の名前が刻まれているようだ。

↑ホライズンベイ・ヨットクラブの第3回海底グランプリで優勝したMola8。モーラとは、ラテン語で"マンボウ"の意味。学名はMola mola
←飾られているのは優勝トロフィーの「シーカップ」。トロフィーの大きな球体は地球を表し、よく見ると青い球体の中が波打つように動いている

④ マリーナでかつて稼働していた風力発電所

自然環境に配慮するこのマリーナではかつて海風を利用して電力エネルギーを発電していた。「ディスカバリーギフト」はもとは風力発電所だったショップ。ディズニーのキャラクターグッズが並ぶ店内の天井には電力収集に使用されていたコイルの集合体がある。コイルからは配電線が放射状にのびており、このショップ内の照明器具に接続されている。照明は実験器具のようなデザイン。

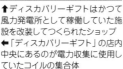
↑ディスカバリーギフトはかつて風力発電所として稼働していた施設を改装してつくられたショップ
←「ディスカバリーギフト」の店内中央にあるのが電力収集に使用していたコイルの集合体

➡ショップの裏にある貯水池を見ると、変電しているせいでときどき泡が噴き出している

⑤ 海に浮かぶユニークな物体は海洋調査のための潜水艇

未来の海を担う海洋生物研究所のマリーナには、ユニークなスタイルをした潜水艇が係留されている。マンボウやアメンボの形など、それぞれに異なる機能を持っているようだ。マンボウ形の潜水艇は2艇停泊していて、クレーンで吊られているほうはメンテナンス中。もう1艇はこれから調査に出る準備中のよう。すでに潜水して沖に出ていく潜水艇もあるようだ。

↑海洋生物研究所が海洋研究に使用するカタマラン（2つの船を組み合わせた双胴船）

↑潜水艇シースター1。4つの大きな浮きの上部についているスクリューが回転し潜水、進水しているよう
➡マンボウの形の潜水艇サンフィッシュ・サブ。クレーンで吊られているほうはメンテナンス中で、半分海水に沈んでいるほうは出発準備に入っている様子。「ホライズンベイ・レストラン」にも、もう1艇あり、ポート内には計3艇ある

←沖へ向かってポコポコと水泡が上がってくるのは、マリーナに停泊していた潜水艇が水中に潜って発進した証拠

➡熊の手のように見えるのはトレンチャーだろうか。その上にはポートディスカバリーの灯台が行んでいる

⑥ ゴールドとシールバーの塔は未来のマリーナを見守る灯台その前には潮だまりが

「ホライズンベイ・レストラン」の前の潮だまりは一見マリーナとつながっていないように見えるが、実は干満の差が見られることがある。マリーナの安全を見守る灯台の下には**トレンチャー**のようなものが建物に組み込まれている。潮だまりの開発時に使用したのだろうか。

↑フジツボやサザエ、ムール貝が、すっかり海から上がっている？

Nemo & Friends SeaRider 　90cm ✳

㊼ ニモ&フレンズ・シーライダー

海洋生物研究所で開発された
シーライダーに乗って海の世界を冒険

映像とライドシステムの動きの融合でディズニー&ピクサー映画『ファインディング・ニモ』と『ファインディング・ドリー』に登場するニモやドリーたちと同じ目線で、広い海の世界を冒険するアトラクション。ゲストは魚のサイズに縮むことができる潜水艇シーライダー①に乗って、魚目線で大海原を冒険する。人工フィッシュ知能のプログラムが起動すると、操縦士が乗っていなくても本物の魚と同じような動きを可能にし、自由に泳ぎ回ることができる。きっと海の素晴らしさを再発見できるはず。

↑海に暮らす生き物たちを大切にすることを目的にした活動を行っている**海洋生物研究所②**

研究員によって解説とデモンストレーションを行うラボへ

ラボでは、水槽に沈められたシーライダーの模型を使った縮小プロセスのデモンストレーションが行われる。模型に海洋生物研究所が開発した特殊な電流を流すと一瞬にして、魚と同じくらいの大きさに縮む。これは研究所が開発した「チヂミニウム」という特殊マテリアルの効果なのだ。

↑入場すると、上部にスクリーンのついた円筒形の水槽に1mほどの潜水艇シーライダーの模型がある

←水槽の中に浮かぶシーライダー。スミレナガハナダイという魚をベースにデザインされている

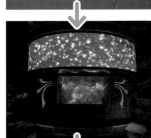

←シーライダーの模型に電流を流すと、閃光が走り、シーライダーは一瞬泡に包まれる

←模型は10分の1の大きさに縮小。ゲストはかつてない方法で海底世界を訪れることになる

アトラクションに登場する主なキャラクターたち

「ニモ&フレンズ・シーライダー」には海の仲間たちがたくさん登場する。なかでも覚えておきたいキャラクターたちを紹介しよう。性格もそれぞれ個性的だ。

ニモ

↑カクレクマノミ。マーリンのひとり息子でドリーと仲良しの勇気ある男の子。生まれつき片方のヒレが小さいが、父親のマーリンはこれを"幸運のヒレ"と呼んでいる

マーリン

↑カクレクマノミ。息子のニモに深く愛情をそそぐお父さん。とっても心配性だが、家族や友だちを助けるためなら、危険を冒してもやりとげる勇敢なところもある

ドリー

↑ナンヨウハギ。とても忘れっぽい性格だが、どんなときでも前向きでフレンドリー。誰と会っても、みんな親切な仲間だと信じて行動する素直な性格の持ち主

↑最新技術により、魚たちを驚かせることなく自然な状態で観察できるのがシーライダーだ

シーライダーの頭部に設置されたメインウインドウから、至近距離で魚たちと向き合う

シーライダー内部

シーライダーのキャビンの定員は122名。メインウインドウのほか、側面の窓にも注目。景色が流れるさまを見ることができる

さらに気になる
ポイント
Foot Note

Point 1 シーライダー

シーライダーとは、海洋生物研究所が海の生物を間近に観察するために、最新技術を駆使して開発した魚の形をした潜水艇のこと。ボディは、電気を通すと収縮する特殊なマテリアル、チヂミニウム製。シーライダーに搭載された人工フィッシュ知能は、海で遭遇する魚の動きを真似できるようにプログラミングされている。さらに鮮やかな色彩と美しい模様が、この潜水艇を小さな魚そっくりに見せるので、海の仲間たちと自然に仲良くなることができるのだ。

Point 2 海洋生物研究所

地球にとってもっとも貴重な資源である海を守ることの大切さを学びながら、海とその周辺に住む生き物たちについて研究を行っている世界でも有数の施設。

➡ステンレス製のオブジェはらせん状に泳ぐマグロの群れ。そのなかには映画『ファインディング・ニモ』や『ファインディング・ドリー』に登場するキャラクターたちが隠れているので、チェックしてみて

↑シーライダーで海の中にダイブすると、ニモやマーリンなど、映画でおなじみの海の仲間たちに会える

海洋生物研究所の建物の正面には海洋生物を描いた巨大な壁画がある。ここではディズニー＆ピクサー映画『ファインディング・ドリー』や「ニモ＆フレンズ・シーライダー」に登場するキャラクターたちと同じ種類の海の生き物が見られる

クラッシュ

↑アオウミガメ。どんな荒波でもリラックスして波に乗ってしまう推定150歳。長年海を渡ってきた経験から、知恵の宝庫でもある。スクワートのよき父親

ベイリー

↑シロイルカ。音の反響で遠く離れた場所にいる仲間を見つけられる特殊能力のエコロケーションを使えるが、頭をぶつけてその能力がなくなったと信じ込んでいる

デスティニー

↑ジンベエザメ。泳ぎは苦手だが、大きな心の持ち主。ドリーが幼い頃、デスティニーからクジラ語を教わり、ふたりはパイプを通して話していた思い出がある

ハンク

↑ミズダコ。口調が荒く、見かけも気難しそうな孤独を愛する7本足のタコ。不器用だが、いざというときに助けてくれる頼もしい存在。仲間思いのやさしい心の持ち主だ

Aquatopia ✱

㊺ アクアトピア

新しい航海システムで障害物を避けて走るウォータービークル

マリーナで開催中のフェスティバルに伴い、科学者たちが開発した水上を滑走するウォータービークルを特別に開放中。ゲストが乗ったビークルは研究用に設けられた間欠泉や滝をめがけて直進しても、障害物の直前で自動的に回避してくれる。ルートが見え

ないだけに、意外な方向に旋回したり、突然後退したり、予測不能なビークルの動きにハラハラ、ドキドキする。夜の水上ドライブは、ポートディスカバリー全体が美しい光を放ち、「アクアトピア」の夜景はとても幻想的に浮かび上がる。

↑ここは科学者たちが新しい技術を研究し、披露するための施設だ

Column

「アクアトピア」の乗り場は左右に分かれている

「アクアトピア」の乗り場は、桟橋の右側と左側に分かれ、まったく別のコースをたどるシステムになっている。それぞれのビークルが障害物に遭遇するスリルも異なるため、乗るたびに違ったワクワク体験ができる。

↑夜になると、美しいライトアップのなかでビークルが描く光のシュプールがより未来感を増す

↑水の流れる速さが急に変わる境界や潮位差の大きい場所では渦巻きが発生。水柱が立つ間欠泉も
←勢いよく流れる滝を目前にウォータービークルは危険を察知し、後退して自動回避
➡前方に水が噴き出す間欠泉が。急に旋回して難なく移動。スムーズなビークルの動きに感動する

それぞれのライドをコンピューターにより制御

ウォータービークルの動きは、1台ごとに搭載されたコンピューターがそれぞれの動きを制御している。ビークルに搭載されているアンテナが空間をマーキングするように飛び交う電波をキャッチし、自分がいる場所を独自に判断するという点で、「アクアトピア」は最新技術を導入したといえる。

➡後ろについているバンパーがついている
ベンチレーターが、アンテナの役目を果たしている

↑ビークルの船体にはドーナツ型のバンパーがついている
➡ビークルの背面に設置されているライトは、夜ともなれば美しい光の芸術をつくり出す

↑コントロールタワーは、ドーム形の屋根がついた円柱形の建物。屋根の縁からは鋭角な三角形が4つ突き出し、まるで羅針盤のように見える
➡4つの平巻き貝のモチーフは副送受信塔で、その下のプールに浮かぶ球体は浄水機になっている

ここで
語らせてほしい……

僕の記憶に残る「ストームライダー」の思い出

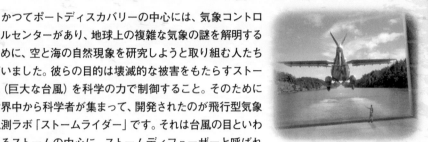

かつてポートディスカバリーの中心には、気象コントロールセンターがあり、地球上の複雑な気象の謎を解明するために、空と海の自然現象を研究しようと取り組む人たちがいました。彼らの目的は壊滅的な被害をもたらすストーム（巨大な台風）を科学の力で制御すること。そのために世界中から科学者が集まって、開発されたのが飛行型気象観測ラボ「ストームライダー」です。それは台風の目といわれるストームの中心に、ストームディフューザーと呼ばれる最新装置を撃ち込み、爆発の威力でストームを消滅させるというものでした。このミッションで毎回やらかしてくれるのがお調子者のパイロット、キャプテン・デイビス。彼のおかげで安全なフライトは一転してトラブルだらけのフライトになってしまうのですが、ラストはキャプテン・デイビスの勇気と責任の強さにいつも感動させられました。科学者たちの研究は見事に達成され、「ポートディスカバリー」が次のステップに入るため、役目を終えました。

① ディズニー映画『海底2万マイル』とは

『海底2万マイル』は、1954年に公開されたディズニー7番目の実写映画。ウォルト・ディズニーが夢中で読んだジュール・ヴェルヌ著の『海底2万マイル』が原作だ。物語の舞台は、大型船舶が怪物に襲われ沈没するという事故が続いていた南太平洋。海洋学者とその助手はアメリカ政府の軍艦エブラハム・リンカーン号に乗って調査へ向かう。しかし軍艦はその怪物に襲撃され大破。海に投げ出された学者とその助手たちは漂流の末、潜水艦を発見し救助されるのだが、その潜水艦ノーチラス号こそが船舶を襲っていた怪物の正体だった。学者たちは国家の陰謀により妻子を失ったネモ船長がノーチラス号をつくり、復讐を行っていることを知る。本作でネモ船長は「発展していく科学技術は使い方によっては戦争も平和ももたらす」ということを伝えている。

↑ディズニー映画『海底2万マイル』。キャストの制服が映画に登場するノーチラス号の乗組員と同じデザインなど、乗る前に見ると楽しさが倍増する。ディズニープラスで見放題独占配信中

② ミステリアスアイランドのキーパーソン 天才科学者ネモ船長とは

ネモとは"Nobody"(「誰でもない」)を意味するラテン語。科学者らしい鋭い思考で絶対的な自信を持ち、落ち着いた雰囲気の中に戦士のような正義感を併せ持つ。その人物像は実にミステリアス。そんな彼が安全とは言い難い火山島のカルデラ奥深くに秘密基地を持ち、地底世界と海底世界の神秘に迫る極秘プロジェクトを進めている。ネモ船長は自然と共存していくために、自然の驚異を研究し理解すると同時に、そこから得られるさまざまな資源を享受したいと考えている。それは「より平和で素晴らしい世界をつくりたい」という願いから。世界を少しずつ変えていこうとするネモ船長のモットーは「モビリス・イン・モビリ(変化をもって変化する)」。つまり、常に変化し続ける環境下で、自然と共存して生きていくことのようだ。

↑すべての謎を握るネモ船長。声はすれども姿は見せない存在だが、「海底2万マイル」にある研究室でネモ船長の肖像画を見ることができる

映画『海底2万マイル』がベースになった神秘の世界。知られざる海底や地底の謎を探る冒険の旅へ

MYSTERIOUS ISLAND

天才科学者がつくり上げたカルデラに隠された秘密基地

ミステリアスアイランド

ここは海図には載っていない南太平洋に浮かぶ孤島。謎の天才科学者ネモ船長と彼の部下たちが研究する巨大な秘密基地がある火山島だ。時は1870年代初期。長い間社会との関係を断っていたネモ船長が、ゲストに秘密基地を公開。むき出しになった地層、湖から立ち上る蒸気、時折鳴り響く轟音……。ゲストは、海底を探索する小型潜水艇や地底深く進む地底走行車に乗り、地球という惑星は、まだ一部しか解明されていないことを思い知らされる。

③ かつて潜水艦の修理工場だった「ノーチラスギフト」

頑丈な鉄骨で覆われたガラス張りの建物「ノーチラスギフト」は、カルデラ湖に浮かぶ潜水艦「ノーチラス号」の修理用施設として建てられたもの。自然光が入る明るい店内には、今も潜水艦の部品や修理道具、ダイビングスーツ、そして、数々のネモ船長の発明品や模型などが飾られている。中央にある金属の柱に、ボルトによって留められている巻き上げ機や滑車が、このショップが当初修理工場の役割を果たしていたことを思い起こさせる。現在はここを訪れる科学者たちのためにギフトショップに改造されている。ちなみにドームの最上部に設置されているのは電波探知装置。これはネモ船長専用の飛行機「アルバトロス号」の離着陸時に安全を確認するために使用されている。

↑天井には巨大なダクトが張りめぐらされている。ほかにも修理工場の面影を残す部品などが置かれている

←入り口にはダイビングスーツが。同じタイプのものを「海底2万マイル」の潜水ハッチでも見ることができる

④ カルデラ内に並ぶ姿なきネモ船長の発明品

カルデラ湖に着岸しているのは、艦内での完全な自給自足を可能とし、自ら発電して推進する潜水艦「**ノーチラス号**」。ノーチラスとはギリシャ語で"船員、船舶"、英語で"オウムガイ"を意味する。オウムガイは殻内の液体量を調節して浮力をコントロールしながら自由に浮き沈みする海洋生物。そこに着目して「ノーチラス号」はつくられた。クレーンで吊り下げられているのは小型潜水艇「**ネプチューン号**」。ネモ船長が海底探査の際に使用する専用の潜水艇で、狭い洞窟でも難なく推進できるスグレモノだ。火山の中腹に突き刺さっている巨大な**削岩機**は地底世界への扉を開いた発明品。そして忘れてはならないのが、飛行機「**アルバトロス号**」の存在。ネモ船長の名前の頭文字「N」が描かれた場所を見ると、離発着のタイヤの跡が。この時代にネモ船長は空の研究もしているようだ。いつか空の謎を解明する日も近いかもしれない。

↑クレーンから吊り下がるのは調査用の潜水艇「ネプチューン号」。ゲストは同型の潜水艇に乗り神秘的な深海へ出発する

←岸壁に突き刺さっているのは地底を掘り進めるために開発された削岩機。排気ガスが出ない"ネモニウム"が使われているため、換気の必要はなく地底深くまで掘れる

➡カルデラ湖に浮かぶ潜水艦「ノーチラス号」。自ら発電して動力とする特徴から、ネモ船長がもっとも誇りにする発明品のひとつ。水面に浮いているのはほんの一部。ハッチの後部はスライド式の小型ボートになっている

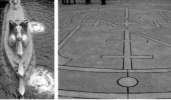

←↑ネモ船長はすでに「アルバトロス号」も開発していた。地面にある「N」の文字のその先にあるタイヤ痕はその離発着を意味する

⑤ エネルギーを供給する地熱発電所の中にレストランが

「**ヴォルケイニア・レストラン**」は科学基地にエネルギーを供給する地熱発電所内にある。ダイニングは2つに分かれていて、入って左に発電・変電を行う部屋、そして右に火山の熱で温められた熱水を送るための配管が張りめぐらされた部屋がある。これらすべてがネモ船長によって発明された。レストランでは強い火力が必要な中華料理をつくっているようだ。

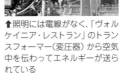

↑照明には電線がなく、「ヴォルケイニア・レストラン」のトランスフォーマー（変圧器）から空気中を伝わってエネルギーが送られている

←ダイニングの中央にはトランスフォーマーがあり、その奥には地熱を無限のエネルギーに変える地熱発電機がある

↓「ヴォルケイニア・レストラン」は削岩機で掘られた洞窟の中にある中華が自慢のレストラン

⑥ 火山の活動を調査するクルーの警報に注意せよ！

時折激しい爆音とともに炎と煙を噴き上げるなど、現在も活発に活動しているミステリアスアイランドの火山。クルーが火山の異変をキャッチすると、カルデラ内にあるスピーカーから「圧力計に異常な数値の変化が見られる」などと、その前兆を知らせてくれる。また、噴火後は火山ガスの放出量の測定結果を知らせる放送が聞こえてくる。安全を期すために警報にはしっかり耳を傾けよう。「ノーチラスギャレー」のスピーカーからはネモ船長からクルーに向けた連絡事項も聞くことができる。

➡火山活動を調査するクルーの放送は、トンネル内や「ノーチラスギフト」などで聞くことができる

Journey to the Center of the Earth DPA ▲ 🚶117cm ✳◇

⑬センター・オブ・ジ・アース

ネモ船長が開発した地底走行車に乗って
地球の中心部を目指すアドベンチャー

↑赤く溶けた溶岩で「JOURNEY TO THE CENTER OF THE EARTH」と書かれた地底世界への入り口

　カルデラ内で目にとまるのが、火山の斜面に突き刺さった巨大な削岩機。天才科学者ネモ船長が開発したこのマシンを使って、地面を掘り進めることで驚異の地下世界への扉を開いた。ゲストはネモ船長の研究室や生物研究室、ワークステーションなどを見学して、地下800mの地底へと続くテラヴェーターに乗る。振動とともに高速で地下へと降下し、扉が開くとそこは地底世界への入り口。ゲストはここから地底走行車に乗り、見たことのない水晶の洞窟や巨大キノコの森など、驚異の世界を目の当たりにすることになる。

ネモ船長の研究室などでは
地底世界の神秘を紹介

↑洞窟の地面を突き破り顔を出し、冷えて凝固しはじめているマグマが。火山活動が活発なのがわかる

↑何ヵ月にもわたる採掘の末、ネモ船長は巨大な水晶の洞窟を発見。そこから採取した水晶がある

　削岩機によって切り開かれた洞窟の奥には、探険の足掛かりになるネモ船長の研究室がある。鋳鉄の骨組みと大きなガラスで覆われた生物研究室には、たくさんの実験器具や地底から持ち帰ったさまざまな標本などが置かれている。

生物研究室

◀↑生物研究室に近づくと、姿の見えないネモ船長の声がどこからか聞こえてくる。ネモ船長の研究結果とは……

ARRANGEMENT of CAVERNS

↑地底世界の地図。探険の拠点となるステーションやネモ船長が発見した洞窟の名前が記されている

➡ここには驚くべき発見の日誌や巨大なタマゴの化石が研究材料として置かれている

◀日誌には、"タマゴの化石は、はるか昔に絶滅し、恐らくは未知の進化を遂げた生物のものであろう"とある

ワークステーションと標本ケースに注目!

生物研究室の奥には、地底で発見された不思議な発光虫の標本ケースがあり、手袋を使って作業をする気密構造となっている。金網でガードされているのはワークステーション。修理や整備が行われているようだ。また小型潜水艇や飛行艇などの研究の場でもあるよう。

↑ネモ船長が記録のために描かせた地底の様子の版画が見られる。これは人間の身長を超える「巨大キノコの森」
←ガラスケースは完全な気密構造で、横に取りつけた手袋に手を差し込んで慎重に作業しているようだ

ネモ船長のワークステーション

↑金網に囲まれたワークステーション。周辺には採掘道具や器具が置かれ、科学実験も行われる

地底走行車はゲストを乗せて地球の中心部へ向かう

この先に待ち受けているのは地球の神秘と驚異。走行車は七色に輝く水晶の洞窟から発光生物のいるトンネルを抜けて、巨大キノコの森へ。あたりには怪しげな植物や地底に潜む不思議な生物も確認できる。この先、火山活動が発生する場合があるので注意したい。

テラヴェーターに乗り、いよいよ地底深く降下

ゲストはテラヴェーター①に乗って、ネモ船長が発見した地底世界へ。降下中警告の鐘が鳴り響くなか、振動とともに高速で地底深くまで降下していく。地底に到着し扉が開くと、そこには大きく開けた地下空間がある。

↑テラヴェーターに乗ると、通気口から空気が吹き込み地下深くまで降りていく過程がわかる
←蒸気圧を示す計器も。テラヴェーターが降下すると針はレッドゾーンに近づき、地熱が肌に伝わってくる

さらに気になる
ポイント
Foot Note

Point 1 テラヴェーター

テラヴェーターとは、"地球"を意味するテラ(ラテン語)とエレベーターを合わせた造語。4基が設置されている。定員は18名。地底までの距離約800m。秒速26.5mで降下する間、通気口から空気が吹き込み、さまざまな光が放たれ、床が振動する。またテラヴェーター内にある計器は深度や二酸化炭素濃度、蒸気圧などを表示している。

←テラヴェーターの仕組みが描かれた図。また、どれだけ地下まで降りていくのがわかる

↑地底走行車は6人乗り。岩石などを押し分けながら走行できるよう頑丈につくられている
→色とりどりに光り輝く水晶の洞窟。洞窟内に透明感のある和音がこだまし、神秘的な雰囲気を醸し出す

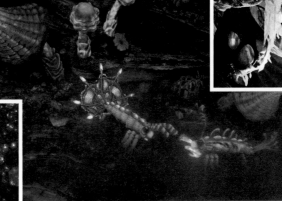

↑突如、火山性の強い振動が発生。コースをはずれた先には、中で影がうごめく巨大タマゴが……
←やがて現れたのは巨大キノコの森。膨大な数の多種多様なキノコのほかに地底生物も目撃する

20,000 Leagues Under the Sea

⑩海底2万マイル

ネモ船長が発明した海底探査用小型潜水艇で深海の謎を解き明かす冒険へ出発！

壊滅的な自然災害によって海に沈んだ古代文明が、海底という過酷な環境に順応して海底都市を築いているという噂がある。ネモ船長はその謎を解明すべく、探索に乗り出し任務に参加するクルーを募った。ゲストはネモ船長のクルーの一員になり、小型潜水艇に乗って神秘的な海底探索の任務に出発。海底にはネモ船長が開発した色鮮やかな「水中農園」ほか、沈没船が横たわる「船の墓場」など、想像を超えた世界が広がる。そんななか、クルーから潜水艇が限界深度に達したという知らせが……。

↑小型潜水艇の乗り場はらせんスロープでカルデラの下へ降りたところにある

ネモ船長の書斎

↑研究室の左の部屋は、ネモ船長がひそかに海底について研究を行う場所。机の上には本や作製中の海図、図表などが置かれている。ボードには海藻収穫機の仕組みや構造が紹介されている。その上にはノーチラス号の模型も見られる

←「船の墓場」の様子を描いた海底地図。沈んでいる船のスケッチや、船のそばで発見された文明の手掛かり、遭遇した珍しい深海魚などが記録されている

ネモ船長の研究室で海底世界について知る

ここはネモ船長の研究室。南太平洋に浮かぶミステリアスアイランドの地図や潜水艇との通信システム、潜水服の仕組みや「船の墓場」の図など、これから調査に出かける海底の情報が用意されている。ここには、姿を見せないネモ船長の肖像画が飾られている。

→水中専用の音声通信装置"アクアフォン"の仕組みが描かれた絵が飾られている
→海図の上にあるのは通信中の潜水艇との距離や音声出力を示すメーター

ネモ船長のコントロールステーション

↑研究室の中央の部屋は、ネモ船長が小型潜水艇の管制を行う場所。机の上には海図が置かれ、潜水艇と連絡を取るために発明した通信装置"アクアフォン"があり、別のコントロールステーションにいるネモ船長が通信している声が聞こえる

潜水ハッチ

研究室の向かいには、潜水するクルーたちだけが入れる潜水用ハッチが配置されたエリア。壁には潜水服がかけられ、ハッチが水で濡れている。ハッチの上には巻き上げ機が見られる

標本洗浄室

海で採取されたものを洗浄したり、研究する部屋。机の上に置かれた壺の表面には海底に眠る文明の手掛かりとなるデザインが描かれているようだ。机の下にある海図らしき絵には、伝説の大陸のありかを探し当てようとするネモ船長の執念がうかがえる

小型潜水艇に乗って「水中農園」へ出発

ゲストが乗る潜水艇は、ネモ船長専用の潜水艇「ネプチューン号」と同じタイプ。扉が閉まると、潜水艇のフックがはずされ海中へと潜航する。窓を覆っていた気泡がなくなると潜水艇はカルデラの岩壁の間を抜けて海底へ進んでいく。最初に見えてくるのは「水中農園」。地上では見たことのない植物や魚が見えてくる。

➡海の作物を収穫するためにネモ船長が考案した水中農園。見たこともない海藻が生育中

←操舵に海藻が巻きついたところを見ると、沈没してからかなりの時間がたっているようだ

Column

潜水艇の計器

小型潜水艇の内部にある計器は、左が「OXYGEN（酸素濃度）」、右が「DEPTH（深度）」を示す。写真は潜航前のもので出航すると計器の針が刻々と変化していく。深く潜れば、震度計の針はレッドゾーンへと傾き、同時に酸素が減って、酸素濃度計の針も傾く。

↑潜航前と潜航中の針の動きをチェックすると、より臨場感が沸いてくる

積載品もそのままに沈没船が眠る「船の墓場」

潜水艇のサーチライトが照らすものは、沈没船が眠る「船の墓場」。無残にも砲弾を受けて沈んだ船や船上でニューイヤーズパーティーの真っ最中に沈没した船など、さまざまな船の残骸が静かに眠る。静寂に包まれた海底は、まるで時間が止まったかのようだ。よく見ると深海魚が泳いでいるなど、生命の息吹も感じられる。

↑大きな目玉にびっくり。船体に描かれた模様のようだ。何か意味があるのだろうか？

←赤い布を纏ったようなタコが抱えているのは、楽器のチェロ。かなりお気に入りのようだ

↑亡骸になっても宝にしがみついて離れないガイコツも。宝物に執着した海賊かもしれない

←ミイラだろうか？ウニやカサゴらしき生物が頭や胴体、棺にへばりついている

1 海底から姿を現したばかりの キラキラと輝くサンゴのお城

　マーメイドラグーンにそびえるのは幻想的な城、「キング・トリトン・キャッスル」。海底王国へとつながるこの城は、たった今、海から現れてきたかのように水がしたたり落ち、太陽や月の光に反射してキラキラと輝いている。ゲストは入り口でトリトン王に迎えられ、スロープを降りていくとその先に広がっているのは美しい海底世界。ゲストが海の中で息ができるのは、海底王国の入り口でトリトン王が持っているトライデントを使い、訪れるゲストにこっそり魔法をかけているからかも。よく見てみると、トライデントの先がキラキラと輝いているのがわかる。

↓日が暮れると、月明かりに反射して何色にも色を変えながらキラキラと輝いているよう。その姿は幻想的

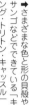

➡さまざまな色と形の貝殻やサンゴなどでできている「キング・トリトン・キャッスル」

↑2頭のイルカが引く貝形のチャリオットに乗って、トリトン王がお待ちかね。左手にはトライデントが

「アバブ・ザ・シー」と「アンダー・ザ・シー」、ディズニーアニメーションの中の海の世界を楽しめる夢のエリア

MERMAID LAGOON

愛娘アリエルの結婚を機に トリトン王がつくった海のパラダイス

マーメイドラグーン

　ディズニー映画『リトル・マーメイド』で、娘のアリエルと人間の世界との交流を頑なに拒んできたトリトン王。そんな厳格な父親も、一途な恋心を抱いていた人魚姫アリエルと人間のエリック王子の結婚をきっかけに、人間たちにも楽しんでもらおうとマーメイドラグーンをつくった。海の上の「アバブ・ザ・シー」と海底の「アンダー・ザ・シー」の2つの世界、どちらも海の愉快な仲間たちが工夫したアトラクションが並んでいる。

5 海上から海底世界へ 工夫を凝らした 粋な演出に感動

←「アンダー・ザ・シー」の天井がぐるぐると渦巻き模様になっているのは、海底から見た水面の波紋。太陽の光のせいで、色が変わることも

　海底世界「アンダー・ザ・シー」への入り口は2ヵ所。トリトン王の像が迎える入り口から入ると、周辺ではザブーンっと岩礁に波が打ち寄せる音が聞こえる。「アンダー・ザ・シー」へ向かうスロープを降りていくと、次第に波の音が遠ざかり、聞こえてくるのは泡の音。プクプクからプクプクプクと徐々に長く、海底に降りていくのにつれて変化していく。視界がだんだん暗くなっていくのは、太陽の光が届かない海底へ降りてきているから。頭上を見ると太陽の光で波紋が揺らめく。足元には、エイなどの魚が泳ぐ姿が見られ、あたり一面にヒトデや貝が現れることも。粋な演出に海底世界を実感できる。

↑周辺を見渡すと、泡がプクプクと水面に向かって上がっていくのが見え、海底にいるのを実感

↑地面に現れる魚影。エイのほかに、タコヤウツボが足元に泳いでくることも。足元一面に貝やヒトデが現れたりもする

② まるでサンゴをイメージさせる「アバブ・ザ・シー」の植物たち

マーメイドラグーンは、アロエやアガベ、アエオニウムなどが見られる多肉植物のパラダイス。海藻に見えたり、サンゴに見えたり、見事なくらい海の世界を演出する名脇役となっている。植物によっては、長い花茎をのばして、赤や黄色の花を咲かせたり、イソギンチャクに見えるものもある。ときには足元を見てみると、そんな発見にワクワクする。また、気になるのが、頭上でそよ風に揺れる植物。これはディズニー映画「リトル・マーメイド」でアリエルとエリック王子がボートの上でキスをしようとしている、そのシーンに登場する植物に似ている。「アバブ・ザ・シー」で探してみて。

↑左からイソギンチャクをイメージさせるアエオニウム。そばに寄ったら閉じてしまいそう。真ん中はグリーンとパープルのハボタン。まるでカラフルなサンゴ礁をイメージさせる。右は波に漂うコンブなどの海藻に見えるフィッシュボーンカクタス。サボテンの一種

③ タイルや貝殻などをあしらったガウディ仕立ての王国

「キング・トリトン・キャッスル」のエントランスで見られるディズニー映画『リトル・マーメイド』のキャラクターたちのタイルやガラス玉、貝殻などでできた**モザイク**は、アントニオ・ガウディの作品からヒントを得たもののようだ。王国を取り囲む外壁や柱、ワゴンの土台にも同じようにタイルやガラス玉、小石などが埋め込まれ、漂う波、寄せる波のよう。海を感じさせる地面の貝殻やヒトデの跡も見逃せない。

↑カラフルなタイルや貝殻、ヒトデなどで飾られた「キング・トリトン・キャッスル」

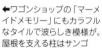

←ワゴンショップの「マーメイドメモリー」にもカラフルなタイルで波らしき模様が。屋根を支える柱はサンゴ

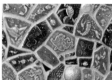

↑タイルに描かれたディズニー映画『リトル・マーメイド』のキャラクターたち。場所によって色もさまざま

↑ゆるやかな波を表すタイルが外壁のあちらこちらに

④ セバスチャンやフランダーもうっとり 王国に響き渡るアリエルの声

↓背をのばして立っているのはシーホース。ライトをつかんでいるのはスターフィッシュ

↑こちらのライトはジェリーフィッシュ（クラゲ）のよう。夜はゲストの足元を照らしている

「アバブ・ザ・シー」を包み込む美しい声は、トリトン王の末娘で、海底王国一の美しい声の持ち主アリエルのもの。「キング・トリトン・キャッスル」前の噴水には、アリエル、フランダー、セバスチャンの銅像がある。その周辺にはトリトン王に仕えるシーホース（タツノオトシゴ）やライトを支えるスターフィッシュ（ヒトデ）の姿も。夜になると「アバブ・ザ・シー」を照らしている。

⑥ 仲間思いのフランダーが「しーっ!」とするその理由は……

やさしいフランダーは「静かにしてね」と言わんばかりに、ヒレを口にあててまわりの魚たちに促している。これは「**セバスチャンのカリプソキッチン**」の壁に描かれているひとコマ。案の定、手前の看板には「静かにしてね、クジラが眠っているから」と、その理由が書かれている。レストランの隣には、大きな口を開けて眠っているクジラの姿がある。こうして彼女が安心して眠っていられるのも、仲間思いのフランダーのおかげかも。

↑→ときどき目を開けては閉じるクジラは、「スリーピーホエール・ショップ」。店内はクジラのお腹の中。これまでに飲み込んでしまったモノが並ぶなか、マーメイドラグーン関連グッズを販売
←「セバスチャンのカリプソキッチン」にある壁画。ここはシーフード料理が自慢の海底レストラン

Ariel's Playground
⑧⑧ アリエルのプレイグラウンド

秘密の洞窟や海藻の迷路！
大人もハマるアリエルの遊び場

ここは人魚姫のアリエルが愉快な海の仲間たちと暮らす海底にある遊び場。9つに分かれたエリアには、海藻の森やアリエルが宝物を集めている洞窟、アリエルとフランダーがサメに襲われそうになった沈没船など、ディズニー映画『リトル・マーメイド』に登場する場面が再現されている。人間の世界に憧れを抱いた好奇心旺盛なアリエルのように、見たり、触ったりしながら遊ぶのがコツだ。6歳以下の子どもたちだけが安全に楽しめる専用の遊び場もある。施設内にあるマップをぜひチェック。

↑入り口では「キス・デ・ガール」のシーンに登場したシースネイル（海のカタツムリ）が歓迎

↑出入り口の2ヵ所に施設内のマップが設置されているのでチェックしよう

ケルプフォレスト

サンゴや海藻でできた迷路

フィッシャーマンズ・ネットの下に広がる巨大な海藻とサンゴの森。かくれんぼをすると、アリエルと仲間たちのような気分に。イソギンチャクやヒトデなど海の生物にも出会える。

➡巨大な海藻やサンゴでできた迷路。カラフルな海藻の中からゴールを目指して抜け出そう
⬇上から見るとケルプフォレストはこんな感じ。海藻の森の中にカラフルな魚が泳いでいる

フィッシャーマンズ・ネット

ゆらゆらと
海底世界を見渡せる

海上の漁船から吊り下げられている漁師網が橋になっていたり、海底の沈没船が遊具になっていたり……。沈没船では望遠鏡をのぞいたり、鐘を鳴らしたり、舵輪を回すこともできる。

↑階段がフィッシャーマンズ・ネットの入り口だ。上にはサンゴや海藻の中に魚が見える
⬅網でつくられた橋や沈没船の見張り台に、登ることができる。見上げると海上に浮かぶボートが
➡海上の漁船から吊り下げられた漁師網。頭上から海水を通して降り注ぐ光で、さまざまな色に染まる

ガリオン・グレイヴヤード

周辺にサメがよりつく沈没船

映画の中でアリエルとフランダーがサメに遭遇した沈没船がモチーフ。サメは沈没船に入ったゲストを狙っている。火薬の入った木箱や樽が置かれているので、勇気を出して開けてみて。

➡沈没船の周辺には、恐ろしいサメがうようよ。どこから襲ってくるかわからないので注意しよう

↑ガリオン・グレイヴヤードとは、"船の墓場"という意味。サメが突然襲ってくることも!?
⬅沈没船の横にある帆ではしゃいだり、弾薬の入った木箱を開けたりすることができる

アリエルのグロット

ここはアリエルの秘密の洞窟

アリエルが人間界から集めてきた宝物が隠されている洞窟には仕掛けがいっぱい。本を開いたり、地球儀を回したり、見たり、触ったり、開けたりしながら、アリエルのコレクションを楽しもう。

↑地球儀を回すと、エリック王子の乗ったガリオン船やアースラが見つかることも

→床に置かれた古い柱時計と置き時計。前を通ると急に針が動きだす不思議な時計だ

↑映画『リトル・マーメイド』の原作である『人魚姫』の作者アンデルセンの名前が刻まれた鐘

↑宝箱の中に赤く輝く宝石が……。手をのばしても、絶対に手に取ることはできない

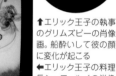

↑エリック王子の執事のグリムズビーの肖像画。船酔いして彼の顔に変化が起こる

←エリック王子の料理長シェフ・ルイの肖像画。持っている中華包丁が何かに変身

ケーブ・オブ・シャドー

不思議な影が映る洞窟

時折、稲妻の閃光が輝き、その瞬間に洞窟の壁の表面にゲストや海の住民の影が映し出される。知らないと気づかずに通り過ぎてしまうので、しばらく待機してみて。

←ときどき海の住民の影が。壁の上のほうにはセバスチャンやフランダーのシルエットが浮かび上がることもある。影は時間がたつと薄くなって消えてしまう

シードラゴン

不気味に光る骨のトンネル

ピンク色に染まったシードラゴンの頭蓋骨。「アースラのダンジョン」へと続くトンネルへの入り口だ。中に入ると骨がむき出しになっていて、不思議な生物が発光している。

←鋭い牙をむき出しにしたシードラゴンの口が入り口

アースラのダンジョン

海の魔女アースラの洞窟

大きな鏡にアースラが現れ、奥ではアースラの手下のフロットサムとジェットサムが陰湿な声で語り掛けてくる。姿を映すと、自分の姿がのびたり縮んだりする不思議な鏡もある。

↑化粧台の前にある貝のボタンを押してみよう。鏡にさまざまな表情のアースラが現れる

スターフィッシュ・プレイペン

6歳以下の子どもの遊び場

魚やヒトデ、貝などの形をしたソフトな玩具を使って自由に遊べるエリア。壁にペタペタとくっつく魚やタツノオトシゴ、貝もいる。プレイエリアの床はふわふわ。靴を脱いで遊ぼう。

←海の生き物の形をした柔らかいおもちゃが。保護者はまわりで子どもを見守ってあげよう

マーメイド・シースプレー

海の仲間はいたずら好き

ウミガメやシャチたちが気まぐれに水を吹き出してくる。前後左右、どこから飛んでくるかわからないのが、楽しさのポイントだ。

←岩の上からウミガメやシャチが、ゲストのすきを狙って水を発射。濡れないように逃げよう

↑出口にはウツボのフロットサムとジェットサムが現れる。誘惑されないように気をつけて

←ここを脱出するにはクラゲが光るトンネルへ進んでいこう

⑩ スカットルのスクーター

ヤドカリの背中に乗って
浜辺を愉快にドライブ

ゲストを乗せた16台のヤドカリのスクーターは、ぐるぐる回転しながら、前や後ろを向いたり、アップダウンを繰り返したり、デコボコした砂浜を大行進。このユニークな乗り物を考案したのは、アリエルに人間界のことを知ったかぶりして教える、カモメのスカットル。案の定、中央でも望遠鏡を反対向きにのぞいている。

↑不思議そうに望遠鏡を逆さまにのぞき込んでいるのは、自称物知りのカモメのスカットル

➡ガラス玉や映画『リトル・マーメイド』のキャラクターのタイルがはめ込まれた大きな柱が目印

↑ヤドカリに乗車したゲストの楽しそうな声を聞いて、いつもは臆病な貝たちも岩場に集合

↑色とりどりのヤドカリは全部で16匹。途中、半回転して気まぐれに後ろ向きに走行する
←大きな口を開けてハーモニーを奏でているのは5匹のカエル。ゲストの気分を盛り上げる

Column

壁にある波打つ線

「スカットルのスクーター」は、ヤドカリがぐるぐる円を描きながら砂浜を動き回るアトラクションだが、まわりを見ると、波打った線が壁に何本も残っている。もしかしたらこれは、海水が長期にわたって停滞したときにできた跡なのかもしれない。

⑫ ブローフィッシュ・バルーンレース

ユーモアあふれるフグたちの
スリリングな回転レース

ゲストは、まるでバルーンのように膨らんだブローフィッシュことフグたちが繰り広げる回転レースに参加する。人間たちが乗るのはフグから吊り下げられた大きな貝殻。スタートすると、フグたちはグングンスピードを上げて回転し、貝殻はだんだん角度をつけて高く上がる。コミカルなフグたちのレースはエキサイティング。

←ブローフィッシュの回転レースは海底世界でも大人気。遠心力がかかるのでスピードは見た目以上

⑧ ジャンピン・ジェリーフィッシュ

ジェリーフィッシュの
気分を楽しもう

ジェリーフィッシュとはクラゲのこと。海中を漂うクラゲの楽しさを体感できる愉快な乗り物。クラゲから吊り下げられた貝殻は、深い海の中でアップダウンを繰り返す。ふわりとしたその動きは、まるで海の中を漂っているかのよう。アリエルや仲間たちが暮らす海底世界を一望できるのも魅力だ。

↓蛍光色のジェリーフィッシュや照明によって照らされた入り口。大好評のライドだ

↑クラゲが漂うこのあたりは海底王国の中でも深海にある。ほかの場所と比べて暗いのはそんな理由から

Flounder's Flying Fish Coaster 90cm ✻◇

(91) フランダーのフライングフィッシュコースター①

トビウオに乗って浅瀬を飛ぶように走行するミニコースター

アリエルの親友フランダーが、仲のいいフライングフィッシュ（トビウオ）たちを誘ってつくったジェットコースター。ゲストはトビウオに乗って、木々と岩場に囲まれた潮だまりをまるでジャンプするように時速約33kmで駆け抜ける。トビウオになったような気分でエキサイティングなライドを楽しもう。

さらに気になる
ポイント
Foot Note

Point 1 フランダーのフライングフィッシュコースター

ここは位置的に「アバブ・ザ・シー」と「アンダー・ザ・シー」の間。トビウオが海面に上がったり、海中に潜ったりする潮だまり。周辺にはシダレヤナギなどが風に揺れ、映画『リトル・マーメイド』で、セバスチャンが「キス・ザ・ガール」を歌うロマンティックなシーンを思い出す。

⬅コースターは小さいが、見た目以上にスリリング。右へ、左へ急旋回しながらアップダウンを繰り返す

⬅マーメイドラグーンの潮だまりで海中と海上を行ったり来たり。ワイルドなライドを体験

Mermaid Lagoon Theater

(93) マーメイドラグーンシアター

華やかでダイナミック！「キング・トリトンのコンサート」

今日はトリトン王がコンサートを開催。人間への憧れを強く抱くアリエルの気持ちを知っていたトリトン王は、人間たちを海底王宮のコンサートに招いていた。それを知って喜んだアリエルは大勢の人間たちの前で、名曲「パート・オブ・ユア・ワールド」や「アンダー・ザ・シー」などを熱唱する。

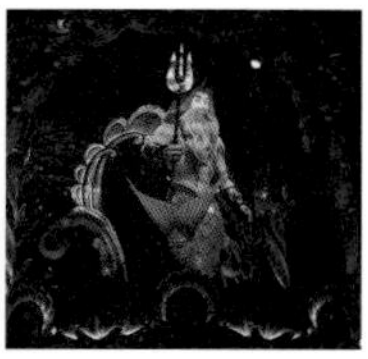

⬆アリエルの父親で海の王トリトンはアリエルのためにコンサートを開催
⬅まるで海底にいるみたいに会場内を自由に泳ぐアリエル。美しい歌声とパフォーマンスに感動

The Whirlpool

(94) ワールプール

海底の潮の渦に流されて海藻のカップが回る、回る！

ケルプ（海藻）でできたカップは、イルカやアカエイたちがつくった自信作。カップに乗ったら潮の渦に身を任せてスリリングな回転を楽しもう。ケルプカップは全部で6つ。カップは接した2つの円盤の周囲を8の字を描くようにスピードを上げて回転する。そしてアトラクションを囲むフェンスが波模様をつくり出す。

⬆入り口で大きくヒレを広げたアカエイと2匹のイルカがお出迎え
⬅海底でありながら、太陽の光がわずかに差し込む、とっておきの場所でカップが回る。渦潮の流れはかなり気まぐれ

① サルタンが閉鎖を命じた ジャファーの店が 「市場」のはずれに!?

「宮殿の中庭」から門を抜けると、そこはにぎやかな「市場」。そのはずれに固く閉ざされた「JAFAR'S Shop of Wonders(ジャファーの不思議なショップ)」という名の店がある。ジャファーは大臣としてサルタンに仕えるかたわら、密かにこの店を経営していたのだろうか? ディズニー映画『アラジン』では、ジャファーは国王サルタンを陥れようと悪事を企み、大切な王女ジャスミンを危険な目にあわせた悪党。当然のごとく、店の扉には赤い文字で大きく"Closed(閉鎖)"と張り紙がされ、大きな南京錠がかけられている。

↑ディズニー映画『アラジン』では、ジャファーは魔人になってランプに閉じ込められた。となると、夜になると現れるこの不気味な影は……?
←店の扉に、"by order of the Sultan(サルタンからの命令によって)"と書かれた張り紙が

「宮殿の中庭」や「市場」「海岸」を散策するだけでエキゾチックな世界に飲み込まれてしまう、ここは摩訶不思議な世界

ARABIAN COAST アラビアンコースト

ランプの魔人ジーニーが魔法でつくった 異国情緒あふれるアラビアンワールド

エキゾチックな雰囲気を醸し出すこのテーマポートは、冒険と魔法に満ちた物語『アラビアンナイト』とディズニー映画『アラジン』の2つの物語がベースになっている。つくり出したのは、ディズニー映画『アラジン』に登場し、強烈なエンターテイナーぶりで喝采を浴びた、ランプの魔人ジーニーだ。また、このエリアではディズニー映画『アラジン』でめでたく結ばれた、アラジンとジャスミンの世界に浸ることができる。

② 「アグラバーマーケットプレイス」で見つけた ディズニー映画『アラジン』の世界

↓天井を覆い尽くす優雅な天蓋と美しい照明で彩られているのはジャスミンのベッドルーム

↑ジーニーが、アラジンとジャスミンのためにつくったお店。店頭の頭上に注目! 日除けはジーニーの百面相?

↑店内の一部はアラジンがアブーと暮らしていたあばら家を再現。壁面には宮殿が描かれている

「宮殿の中庭」と「市場」の中間にあるのが「アグラバーマーケットプレイス」。店内にはジャスミンとアラジンの部屋が再現されている。アラジンの棲み家は木や石でつくられ、壁には憧れていた宮殿が。一方ジャスミンの部屋は、アラジンの部屋とは対照的に天井には大きな天蓋や豪華な照明が飾られ、すべてがゴージャス。2つの部屋のちょうど真ん中には、ふたりをつないだ魔法のじゅうたんが宙に浮かんでいる。アラジンとジャスミンが魔法のじゅうたんで世界をまわった映画の名場面が浮かんでくる。

③ 日が暮れると 炎とともに現れる 鉄を打つ赤い魔人!?

「宮殿の中庭」から「市場」に入ってすぐ右手にある何の変哲もない鍛冶屋。昼間はひっそりとしているが、日が暮れると炉のあたりからカン、カン、カンと鉄を打つ音が聞こえてくる。炉の中をのぞいてみると、炎に包まれた赤い小さな鍛冶屋の魔人が。夜だけ現れたり、消えたりするので、アラビアンコーストに来たらチェックしてみて。

↑日が暮れると、赤い魔人は頻繁に炉の中に登場し真っ赤な炎の中で鉄を打ちはじめる
←炉のまわりに並んでいる水瓶や皿、ポットは、もしかしたら赤い魔人がつくったのかも

↑砂漠を移動するラクダだろうか？ 休んでいるラクダが鳴きだすことが。さてどんな声で鳴くのか聞いてみて

←路地裏に入ったら耳を澄ましてみよう。周辺に暮らす人々のしゃべり声やマットを叩く音、何かを削る音などが聞こえてくる

④ 目でも耳でも実感できる 活気ある市場がここに！

ディズニー映画『アラジン』の舞台になったアグラバーを思わせる「市場」は、見た目だけではなく、活気とにぎわいを耳でも感じることができる。庶民的な曲が流れるなか、膝をついてくつろいでいるラクダが突然鳴きだしたり、夕方になると鍛冶屋が鉄を打つ音がしたり……。路地裏に入れば、庶民のしゃべり声や生活音が聞こえてくる。アラビアのスーク（市場）に一度も行ったことのない僕でも、イメージできるところがスゴイ！

⑤ すべての臣民が ともに食事が できる場所

アラビアンコーストは、大きく王族と庶民のエリアに分かれている。アラジンとジャスミンをこの地に呼んだあと、サルタンはジーニーに頼んで、彼のすべての臣民が一緒にいられる場所をつくった。その象徴とも言えるのが「カスバ・フードコート」だ。ここは王宮と、庶民が生活する「市場」との境に位置するレストラン。どんな者も一緒に同じ料理を楽しむことができるダイニングだ。ゴージャスな装飾が施された王室風、上品な色遣いのタイルをあしらった王室の客間風、生活用品が飾られた民家風、シンプルな民家の庭風の4つの部屋がある。スパイスの効いたカリーを味わいながら、アラビアの世界を楽しもう。

↑「カスバ・フードコート」はカウンターサービスのレストラン。庶民的な市場の雰囲気だ

↑金色の飾りが施された柱や天井、イスラム模様の照明が吊り下がる空間は、王室風

↑壁にタイルが施され、ちょうどいい広さの部屋に調度品が並んでいるのは、王室の客間風

↑壁の漆喰がはがれ落ちているところもあるが生活用品や調度品が飾られた民家風

↑屋外に面した空間に木のテーブルが並ぶ。天井には木が組まれた質素な民家の庭風

↑果たしてこの壁をどうとらえるか？ 壁にある動物やアラビア文字などにこの地図を解明するヒントが隠されているのかも

⑥ むき出しの土壁、上塗りした跡が 世界地図のように見える!?

照りつける陽射しや砂風を受けてレンガがはがれ落ちたのだろうか？ むき出しになっている土壁が「宮殿の中庭」から「市場」へ入ってすぐ右手にある。よく見ると、漆喰で補強した部分がまるで世界地図のように見える壁だ。中央には北アメリカ大陸、右端にはヨーロッパの西側と北アフリカの一部が。そして左端に日本列島らしき漆喰の跡。また、気になるのが小石の並び。右中央の小石はイベリア半島の西端と北アメリカ大陸を結んでいる。もしやコロンブスが新大陸を発見した航路かも。なーんて想像するだけで楽しさが倍増。ディズニーの世界にはイマジネーションを膨らませることで楽しめる要素がたくさん存在する。これだから、やめられない。

Sindbad's Storybook Voyage

㊶ シンドバッド・ストーリーブック・ヴォヤッジ

シンドバッドとともに "最高の宝物"を探す航海に出発！

ゲストは宝物を求めて旅立つシンドバッドの船団の一員となり、ボートに乗って冒険の航海に出発する。航海はさまざまな危険と隣り合わせ。出発早々、嵐に巻き込まれたり、盗賊や狂暴なサルと遭遇したり。それでも人魚や巨人、サルタンらの助けを得て、旅

のゴール、故郷のバズラへの帰港を目指す。冒険はピンチと出会いの連続だ。波乱万丈な旅を勇気づけてくれるのは、テーマ曲「コンパス・オブ・ユア・ハート」①。"心のコンパス"に導かれて手に入れた「友情」こそが人生で最高の宝物であることを知る。

← 「アラビアンナイト」の世界観をモチーフにしたドラマティックなアトラクション

↑船の乗り場までの通路にある絵画にはシンドバッドが体験する冒険のヒントが隠されている

↑シンドバッドの冒険の軌跡を描いた絵地図がある。さて冒険の行方は？

にぎやかな バズラの港から出航

バズラの港から船に乗ると、「コンパス・オブ・ユア・ハート」が聞こえるなか、冒険に出発。バズラの水路の両脇では町の人々がシンドバッドを送り出すために合唱している。

♪青い空高く 帆を上げて 水平線の彼方を 目指せ

↑帆を上げるロープをつかみ自信にあふれるシンドバッド。航海の地図をくわえているのはチャンドゥ②
←音楽に合わせて見事に芸を披露するサル。その後ろでは影絵を楽しむ町民の姿もある

夢のように 光りきらめく 宝物が 君を待つ

→バズラの市場では町の人々が集まってシンドバッドを送り出す歌を歌い、ダンスを踊る
←市場の先にある灯台周辺には3人の天文学者が。「この先は危険じゃ」「いかなるときも心のコンパスに従うのだ」と話す

さらに気になる ▶ポイント◀ Foot Note

Point 1 「コンパス・オブ・ユア・ハート」

これはディズニー音楽でおなじみの作曲家アラン・メンケンが、東京ディズニーシーのアトラクション「シンドバッド・ストーリーブック・ヴォヤッジ」のために書き下ろした曲。ディズニー映画『リトル・マーメイド』や『美女と野獣』『アラジン』など、世界中の人々に愛される曲を制作してきたアラン・メンケンが、一度聴いたら口ずさみたくなる印象的なメロディーで、シンドバッドの冒険をドラマティックに盛り上げる。まさに彼は、音楽で魔法をかけるメロディーメーカーだ。彼についてはさらに「LOVEポイント」で。

Point 2 チャンドゥ

チャンドゥは赤いターバンを巻いたトラの子ども。実はアトラクションの原作である『アラビアンナイト』には登場しないキャラクターだ。会えるのは東京ディズニーシーの「シンドバッド・ストーリーブック・ヴォヤッジ」のみ。2007年のリニューアル時に、シンドバッドの相棒として誕生した。

荒波が 船を揺さぶり

嵐が 行く手 阻んでも

恐れず進めば 友達が

←嵐のなかにふたりが乗る船が。シンドバッドはロープをつかみ、チャンドゥは帆につかまっている
↓岩場に佇む美しい人魚たち。無事を祈って旅立つシンドバッドに手を振って見送っている

最初の試練は嵐の海

出航して間もなく、シンドバッドたちを襲ったのは嵐の海。雷が鳴り響くなか、難破船に遭遇。ゲストも雨を体験することに。しかし美しい人魚たちに助けられ、船は転覆することなく危機を脱出。

手を差しのべてくれるさ

人生は冒険だ　地図はないけれど　宝物探そう

　　　　信じて　コンパス・オブ・ユア・ハート

王様から魔法の楽器をもらい、再び旅へ

　シンドバッドはインドに到着。サルタンと彼の忠臣たちから、特別な贈り物として魔法の太鼓などの楽器をもらう。一緒に歌い、チャンドゥは音楽に合わせて前足を弾ませる。

↑お礼に歌を歌いながら民族楽器のラババを弾く。救出された巨人の足元には宝が置かれている

牢屋に閉じ込められた巨人

　ゲストを乗せた船が金銀財宝でキラキラと輝く洞窟の中へ入ると、宝の山には盗賊の姿が。盗賊の体に数珠つなぎの真珠を巻きつけ、縛り上げるチャンドゥ。牢屋には閉じ込められた巨人が。

宝石や　黄金より　大事なものがある

↑シンドバッドはルクからもらった魔法の羽を使って、牢屋の南京錠を開けようとしている

←我が子を救おうと上空には母鳥が飛んでいる。足の先にはひとりの盗賊をとらえている

何よりも　大切な　心の贈り物

↑サルタンはシンドバッドに不思議なパワーを持つ楽器を与えた。太鼓の上にはチャンドゥが

狂暴なサルたちと仲良しに

　船が入ってきたのは狂暴なサルが棲む危険な島。シンドバッドがサルタンにもらった魔法の楽器を奏でると、サルたちの心は穏やかになり、一緒に演奏して心を通わせる。

←すっかり打ち解けて楽器演奏を楽しんでいる

ついに見つけたよ　宝物

クジラの背中に乗って帰還

宝石や　黄金じゃなく

　航海もいよいよ終盤、途中、島のように大きなクジラに出会う。船ごとクジラの背中に乗り、故郷のバズラまで送ってもらうシンドバッドたち。一行は穏やかな夜の海を渡る。

旅の中で　巡り会った　素晴らしい　ぼくの友達

↑シンドバッドは望遠鏡を手に、故郷のバズラを目指す。船にはたくさんの宝物が

風に吹かれ　旅は続く　舵をとれ　希望を胸に
　進め　みんなを助けながら　優しさと勇気　忘れず

人生は冒険だ　地図はないけれど　宝物探そう
　　　　信じて　コンパス・オブ・ユア・ハート

↑ここは巨大な鳥、ルクが棲む島。ルクのタマゴを狙う盗賊たちを阻止しようとシンドバッドが奮闘する

ルク島でヒナ鳥を救出!

　ルク島では、黒装束の極悪の盗賊団が、ルクのヒナ鳥を狙って大暴れ。勇敢なシンドバッドは盗賊を撃退し、ルクの母鳥に背丈よりも大きな魔法の羽をもらう。

↑大きなタマゴの上にまたがって斧でたたき割ろうとする盗賊の姿が。救うことはできるだろうか?

彼が見つけた "最高の宝物"とは

人生は冒険だ　地図はないけれど　宝物探そう

➡夜空には花火が上がり、町の人々は歌い、楽器を奏で、シンドバッドとチャンドゥを迎える
⬇無事に航海を終えゲストに声をかけるシンドバッド。地図が出発時と変わっているのに気づけるか?

信じて　コンパス・オブ・ユア・ハート

　無事にバズラへ戻ってきたシンドバッドとチャンドゥ。町は祝賀ムードで盛り上がる。長い旅で彼が得た大切なものは金銀財宝ではなく、心の支えとなった友だちだった。

COMPASS OF YOUR HEART Music by Alan Menken Words by Glenn Slater © 2007 WONDERLAND MUSIC COMPANY, INC. and WALT DISNEY MUSIC COMPANY All Rights Reserved.
Print rights for Japan administered by Yamaha Music Entertainment Holdings, Inc.

The Magic Lamp Theater 3D
⑧² マジックランプシアター

ランプの魔人ジーニーによる
前代未聞、抱腹絶倒のショーがはじまる!!

→「世界一偉大なマジシャン」によるショーが行われるのは宮殿の中庭のはずれにあるテントの中

「世界一偉大なマジシャン」というふれこみに釣られてテントに入ると、中央のかごの中から**コブラのベキート①**が現れる。不思議なランプの話を聞き、会場へ移動すると、自称、"世界一のマジシャン"シャバーンによる初のワンマンショーがスタート。ところが

ショーは、マジックもギャグもすべりっぱなし。シャバーンはこれまでのジーニーの人気を妬み、彼がランプの中で眠っている間に箱に閉じ込め鍵をかけてしまったのだ。召し使いのアシームが箱からジーニーを解放すると、弾丸トークとスーパーマジックが炸裂する。

↑ベキートの語りに合わせて、紙芝居風のアニメーションが壁に展開される

↑カッコよくとはお世辞にも言えない自称、"世界一のマジシャン"シャバーンが登場

↑召し使いのアシームを箱に入れてシャバーンは"胴体切り"に挑戦するのだが……

←ショーの最中にシャバーンが隠していた鍵を受け取ったアシーム。鍵で箱を開けると……

↑待ってました! と叫びたくなるジーニーの登場。でもジーニーはなんと入浴中
→箱の中から解放されたことはシャバーンには内緒ね、とゲストに言うジーニー
↓かごの中をのぞくシャバーンの首を引っ張るのは、ドレス姿に変身したジーニー

→シャバーンには3つ目の願いが残っている。それは上演中にわかるはずだ

さらに気になるポイント Foot Note

Point ① コブラのベキート

ターバンを巻いたコブラのベキートは、「むかーし、むかし……」と、魔法のランプに魅せられた男の話を語りはじめた。

三流マジシャンのシャバーンと召し使いのアシームは、道端でマジックを披露しながら旅をしていた。ある日、アシームは古いランプを見つけるのだが、シャバーンにそれを奪われてしまう。ランプから魔人ジーニーを呼び出したシャバーンは、「世界一偉大なマジシャン」に変身。魔法を得たシャバーンは、ジーニーとともに素晴らしいマジックを繰り広げるのだが、ジーニーだけが注目されるばかり。うんざりしたシャバーンは、ランプごとジーニーを箱に閉じ込めて鍵をかけてしまった。ゲストが見るショーは、シャバーンにとってジーニーなしでの初舞台。さてその腕前は……。

⑦⑨キャラバンカルーセル

ディズニーテーマパーク史上初の2層式カルーセル

「宮殿の中庭」にあり、華やかに彩られたアラベスク模様の青いドームが目を引く。2階の棟飾りには『アラビアンナイト』の物語が描かれた16枚のカルトゥーシュ（続き絵）が施されている。ライドは上下合わせて126台。美しい馬をはじめ、豪華な装飾

を纏ったラクダやゾウ、高貴なグリフィン、チャリオットなど、「キャラバンカルーセル」ならではの乗り物がいっぱい。ディズニー映画『アラジン』に登場するランプの魔人ジーニーのユニットは合計16台。砂漠を旅するキャラバン隊の気分を味わおう。

↑アラベスク模様が美しい青いドームの建物。上の階と下の階を乗り比べてみよう

ジーニー
チャリオット

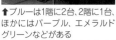

ラクダ

ゾウ

グリフィン
機械仕掛けの馬

↑ブルーは1階に2台、2階に1台、ほかにはパープル、エメラルドグリーンなどがある
➡2階の外壁の棟飾りでは、16枚のカルトゥーシュで『アラビアンナイト』の物語を紹介

↑4人乗りのほかに、2人乗り（車いす利用のゲストもOK）もある

砂漠の旅のお供といえばラクダ。カラフルな装飾を施している

牙の先と尻、そして胴体に豪華な装飾を凝らしたゾウ

⬅ライオンの胴体と足に、鷲の頭と羽を持つ、伝説の幻獣

⬅『アラビアンナイト』の物語に登場する機械仕掛けの馬

Column

黒檀の馬

機械仕掛けの馬のなかには、"黒檀の馬"とも呼ばれた黒光りした木馬がいる。『アラビアンナイト』の物語では、空を飛んでどこへでも行ける不思議な木馬で、ある王子と王女の波乱の恋物語をハッピーエンドに導くキューピッドの役目を果たす。

⑧⓪ジャスミンのフライングカーペット

空飛ぶじゅうたんに乗ってロイヤルガーデンを空中散歩

宮殿に暮らすジャスミンは、アラジンの魔法のじゅうたんで美しい庭園と宮殿の上空を飛び回ることが好き。それを知ったアラジンとマジックカーペットは、ジャスミンに16枚のフライングカーペット（カーペットの兄弟姉妹たち）をプレゼント。王国の人々や訪問

者たちとその喜びを分かち合いたいジャスミンのために、サルタンは水がきらめくプールや豪華なクジャクの噴水など、彼女のお気に入りの庭園をつくらせ、ロイヤルガーデンと名づけた。じゅうたんに付属したコントロールレバーで、上空5mのフライトが可能。

↑入り口にジャスミンのペット、ラジャーとトラの彫像が鎮座。目にはルビーが

↑通路には夜空を飛ぶ魔法のじゅうたんの旅を描いた7枚のタイルの壁画が飾られている
⬅宮殿の庭園をモチーフにしたロイヤルガーデン。ヤシの木に囲まれた水辺のオアシス

↑「ジャスミンのフライングカーペット」には展望バルコニーがあり、写真を撮るのに最適
⬅日が暮れると、庭園全体に魔法がかかったように、15種類の照明へと変わる

①神殿前の発掘現場から古代の遺物や遺跡が次々と発見！

その昔、信仰のあつい古代人たちは神に祈りを捧げるために神殿をつくり、後世に歴史や文化や風習を伝えるために石や壁に古代文字を書き残してきたのだろう。神殿前に足場が組まれると、象形文字が刻まれた巨大な石碑が次々と見つかったようだ。古代人の人骨と一緒に埋められていたのは壺や食器、装飾品や埴輪など。かつてこの地で栄えた文明の一端が垣間見られる。周辺には学者や研究者たちの帽子や水筒、発掘に使うブラシなどの小道具があり、ついさっきまで作業していた様子がわかる。

↑身分の高い人の墓だろうか？ガイコツのまわりには壺や人の顔の陶器などが一緒に出土している

↑発掘現場から出土した球状の発掘物。「ユカタン・ベースキャンプ・グリル」にその解説らしき黒板がある

➡突如現れたマヤ文明らしき神殿。ハリケーンによって崩れかけてはいるが、壁面には建築装飾や彫刻が見られる

↑「ユカタン・ベースキャンプ・グリル」の入り口付近で見られる発掘中の巨大な石碑。モニュメントのようだ

未開のジャングルに出現した神秘に満ちた謎の古代神殿や遺跡。出土するガイコツなどに冒険心をくすぐられる

LOST RIVER DELTA

ハリケーンによって明らかになった中央アメリカの失われた古代文明

ロストリバーデルタ

舞台は1930年代の中央アメリカのカリブ海沿岸。1880年代にハリケーンに襲われると、人知れず存在していた河「エル・リオ・ペルディード」、スペイン語でいう「失われた河（ロストリバー）」が出現した。その後、考古学者のインディ・ジョーンズ博士により古代神殿が発見され、ジャングルのさらなる奥地で別の調査隊によって古代神の2つの石像も発掘された。命知らずの冒険者たちは危険に満ちた体験をすることになる。

②考古学者のベースキャンプに発掘調査にまつわる意味深な黒板が

「ユカタン・ベースキャンプ」は古代遺跡発掘のために考古学者たちが集まる、考古学本部の活動拠点だった。調査目的の人と同じくらい食事目当ての人が多いので、遊び心のある考古学者たちはベースキャンプの名を「ユカタン・ベースキャンプ・グリル」と変えて、"グリル"と看板に張りつけた。その下には「UNIVERSITY PENNSYLVANIA」と記されている。ベースキャンプ（店内）には考古学者へ向けた興味深い発掘調査の指示が黒板に書かれている。配置図には「発掘して木枠に入れろ」「ブラシだけを使って、地下レベル2または3まで発掘作業継続」「パコたちで三脚をつくり、雨が降る前にこの石碑を取り出せ」などの指示が。「若さの泉」ツアーを企画したパコもしっかり博士の助手を務めているようだ。

←黒板は「ユカタン・ベースキャンプ・グリル」の店内で見ることができる
➡足場が組まれた発掘現場。さっきまで調査員が発掘作業をしていたのがわかる

③河岸にある水上飛行機の持ち主はもしや？

➡河岸に係留しているのは機体の上下に翼がついた複葉機と呼ばれるプロペラ仕様の飛行機

↑複葉機の先には足跡が残っている。河岸に降り立ち、クリスタルスカルの魔宮に向かったのか

巨大なハリケーンによって現れた「エル・リオ・ペルディード（失われた河）」の河岸に着陸しているのはインディ・ジョーンズ博士の愛用機。機体の尾翼をよく見ると「C-3PO」の文字が書かれている。これはインディ・ジョーンズの生みの親であるジョージ・ルーカスのヒット作映画『スター・ウォーズ』や東京ディズニーランドでもおなじみ「スター・ツアーズ：ザ・アドベンチャーズ・コンティニュー」にも登場するドロイドの名前だ。また、映画『インディ・ジョーンズ』シリーズで、インディが乗っていた飛行機と同じデザインのようだ。

④ ラジオCRDの放送は冒険者たちの唯一の手がかり

ジャングルではラジオ放送が現地を知る重要な情報源となっている。ラジオからは、"かの有名なインディアナ・ジョーンズ博士が、中央アメリカのジャングルで発見した神殿に関するニュースです"とか、"ゼッタイに沈まない船、沈んだら次の船代はタダ""猛毒に効く薬。効かなければ代金は返します"など、クスッと笑えるCMも流れている。**ラジオCRDの放送は**、「ユカタン・ベースキャンプ・グリル」と「ディズニーシー・トランジットスチーマーライン」の待合所、そして「インディ・ジョーンズ®・アドベンチャー：クリスタルスカルの魔宮」で流れている。聞き取りにくいのはここが電波の届きにくいジャングルの中だからだ。

→「ユカタン・ベースキャンプ・グリル」。考古学者や探険家たちが集まるロースト料理を提供するレストランでラジオCRDの放送が聞ける

←ロストリバーデルタにある「ディズニーシー・トランジットスチーマーライン」の待合所でもラジオCRDの放送が聞こえてくる

⑤ 耳を澄ますと聞こえてくる地元の市場からの音

古代神殿がある河の西側はジョーンズ博士の大発見で発掘現場は大興奮の様子だが、河を挟んで東側にはさまざまな建物や小屋が建ち並ぶ入植者たちの村がある。注目したいは「ミゲルズ・エルドラド・キャンティーナ」前の道端で商いをしているような小屋。立ち止まって耳を傾けると、それぞれの小屋の中から人々の生活音や動物の鳴き声が聞こえてくる。小屋の中をのぞきながら聞いてみて。

魚屋さん？

↑目の前の河で獲れた川魚を販売しているのだろうか？ ピラニアらしき魚も並んでいる。聞こえてくるのは魚をさばく包丁の音？ もしや干物をつくっているのかも？

雑貨屋さん？

↑建ち並ぶ小屋のなかで最大の間口を誇るのが、民芸品などが並ぶ雑貨屋らしき店。周辺のジャングルで採れたのだろうかフルーツも並んでいる。ビーズや貝殻もある

大工さんの作業場？

→中をのぞいてみると、かね尺やドリルなど、大工道具が並んでいる。この小屋からはノコギリで板を切る音や話し声、ニワトリの鳴き声が聞こえてくる

織物屋さん？

↑小屋の中は中米独特のカラフルな織物がいっぱい。サラペやレボソといった民族衣装だ。サラペは男性用の衣装、レボソは女性用のストールを意味する

薬屋さん？

←この小屋で注目したいのが「QUININE」と書かれた木箱。これはマラリアの特効薬。ここは中米のジャングル。マラリアにかかったら頼りになるかも……

⑥ 灯りが暗くて消えそうになるのはここがジャングルの奥地だから

日が暮れて夜になるとロストリバーデルタにも照明がつく。ただ、ロストリバーデルタに灯る照明は、薄暗いうえに消えそうになるなど不安定。それも当然、ここはジャングルのど真ん中。電力の供給が不足するのはしかたのないこと。電圧が安定していないこのあたりの照明には一部ガス灯も使われている。文明とはかけ離れた臨場感を楽しもう。

↑冒険家にとって灯りは命綱。ぼんやりした灯りがロストリバーデルタを包み込む

←このエリアでは電灯とガス灯が使われている。神殿のあたりは松明の炎が灯る

Indiana Jones® Adventure : Temple of the Crystal Skull ▲ 117cm ✳◇

⑭ インディ・ジョーンズ®・アドベンチャー：クリスタルスカルの魔宮

"若さの泉" を見つける魔宮ツアーは未知なるスリルと恐怖の連続！

インディ・ジョーンズ博士①が神殿内の古代文字を解読し、存在が明らかになった"若さの泉"。永遠の若さが得られるという博士の発表で、世界中から旅行者が殺到。博士は遺跡を守るクリスタルスカルによって、仕掛けられた罠で何人もの人が命を落とし

ていると警告したが、調子のいい博士の助手パコ②が、ひと儲けしようと"若さの泉"を探し出すツアーを企画した。ところが招かざる客の侵入に魔宮の守護神クリスタルスカルの怒りが爆発。次々と襲いかかる罠や超常現象から生還できるのか!?

↑ジャングルに佇む古代神殿の遺跡、クリスタルスカルの魔宮のどこかに、"若さの泉"があるらしい

さらに気になる ▼ポイント／ Foot Note

Point① インディ・ジョーンズ博士

水上飛行機に乗ってやってきた考古学者、ヘンリー・インディアナ・ジョーンズ・ジュニア博士は、古代神殿の遺跡、クリスタルスカルの魔宮に入り、古代文字を解読して、神殿の中に伝説の"若さの泉"があるらしいという仮説を発表した。さらに、神殿内の随所に仕掛けられた罠によって命を落とした人々の死骸があることも報告し、観光客らに注意を呼びかけている。

←古代神殿を発見した考古学者のヘンリー・インディアナ・ジョーンズ・ジュニア博士

Point② 博士の助手パコ

パコは現地を案内するジョーンズ博士の助手。博士が伝説の"若さの泉"がこの神殿内にあるらしいという仮説をたてると、パコは「パコの魔宮ツアー」と題して神殿内部をめぐるツアーを主催した。神殿内にあるモニターを使って、ちゃっかりコマーシャルを流したり、ラジオ放送をジャックしたりしているようだ。冒険者であるゲストはこのツアーに参加することになる。

←このツアーを主催したジョーンズ博士の助手パコ

神殿の謎を語る!? 壁画に描かれた古代文字

ピラミッド形の魔宮に足を踏み入れると、目の前に背筋が凍るような古代メソアメリカ風の巨大な祭壇が現れる。鎮座する偶像は、首にドクロの首飾りをつけ、両手に大蛇を握っている。水がしたたり落ちる大蛇の口、その下には生贄として捧げられた人々の白骨化した死体が転がっている。祭壇の壁画には、この先に待つ魔宮の秘密が隠されているようだ。

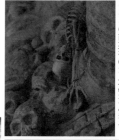
→祭壇の下にはたくさんのガイコツが転がっている。それはこれから起こることの前兆なのか、不安がよぎる

↑怪しい光を放つクリスタルスカルの壁画。伝説の"若さの泉"で人々が若返る様子が描かれている
←魔宮の祭壇。天井にある円い開口部から、古代の司祭によって大勢の人々が生贄として投げ落とされたと考えられる

ひょっとして光が示すものが「若さの泉」の手がかりなのか？

　魔宮の奥へさらに進むと、円い窓を通して外部から差し込む陽光を受ける場所へと入る。陽光は暦を記した黄金の円盤を照らし、反射した光が壁のフレスコ画を照らしている。壁には目から光を放つクリスタルスカルや"若さの泉"、古代の戦士と戦う神話上の羽毛のあるヘビ、ケツァルコアトルが描かれている。

↑周辺の壁画には、恐ろしい大蛇と戦う勇士の姿が描かれている。これから起こることのヒントが隠されているのだろうか

↑円盤の周囲には霧のようなものが立ち込め、光の軌道を浮かび上がらせている。その様子は恐ろしくも神秘的

通路の途中にある考古学者の本部

　この部屋はどうやらジョーンズ博士のもののようだ。トレードマークの帽子が置かれた机の上には、作業するためのタイプライターやラジオ、電球や新聞が。昭和十年九月四日水曜日発行の日本の新聞の見出しには、"謎の古代文字解読される　考古学者インディアナ・ジョーンズ博士が警告『水晶髑髏（どくろ）の怒り招くべからず』"とある。

Column

映画『インディ・ジョーンズ』

　考古学者のインディ・ジョーンズ博士が世界中の古代遺跡をめぐる数々のエピソード、映画『インディ・ジョーンズ』の3作がアトラクションのモチーフになっている。公開順でいうと、1981年の『レイダース／失われたアーク（聖櫃）』、1984年『インディ・ジョーンズ／魔宮の伝説』、1989年『インディ・ジョーンズ／最後の聖戦』となる。映画の中でインディ・ジョーンズ博士には、九死に一生を得る災難が次々と降りかかってくる。観客を飽きさせないこの展開は、アトラクションにも随所にちりばめられている。

↑机の上には打ちかけのタイプライターの手紙が。壁の黒板には、魔宮の中にある遺跡に関する資料が書かれているようだ

←現像したばかりだろうか、いくつもの古代遺跡の写真がクリップで留められている

→ジョーンズ博士は考古学だけではなく、生物にも興味があるのか、鳥のスケッチが壁に貼られている

『國際ジャーナル』にはジョーンズ博士によって謎の古代文字が解読された記事が掲載されている

←ドクロのそばには帽子やメガネ、懐中時計が置かれている。もしや持ち主は……

オフロードカーに乗ってさらに神殿の奥へ

出発すると頭上には美しい星空が広がり、前方には静寂のなかクリスタルスカルが鎮座している。オフロードカーは音を立てないようゆっくりと近づくが、身を清めていない侵入者にクリスタルスカルは怒りを爆発させる。オフロードカーはスピードを上げて急旋回する。

➡手に美しい水晶をのせた戦士の長と水の女神の彫像が並ぶ。女神が手にしている壺からは水が流れている

⬆洞窟の壁に吊り下げられたたくさんのガイコツ。彼らもクリスタルスカルの怒りに触れたツアー客なのか?

⬆目の前に広がるこの世のものとは思えない光景。巨大なクリスタルスカルの目から鋭い光が放たれた

Column

ディズニーとルーカス・フィルムとのつながり

映画『インディ・ジョーンズ』シリーズは、ジョージ・ルーカスが主宰していたルーカス・フィルムの制作。ディズニーとルーカス・フィルムとの関わりは、世界のディズニーテーマパークにあった「キャプテンEO」や「スター・ツアーズ」の共同開発から生まれた。「スター・ツアーズ」はルーカス自身が監督した映画『スター・ウォーズ』の後日談としてつくられたことからはじまる。そして「インディ・ジョーンズ」のアトラクションストーリーも、あたかもインディの冒険エピソードのひとつであるかのように、世界のテーマパークでそれぞれ違った内容になっている。

⬆きしむ吊り橋を渡り終えると、ヘビの彫刻のある神殿に入る。すると目の前に伝説の大蛇ケツァルコアトルが現れる

毒矢の攻撃や巨大岩がゲストを襲う!

再び巨大なクリスタルスカルの脅威にさらされ、「ふとどき者」の怒声と炎の攻撃をかいくぐり、次は吹き矢に身がすくむ。ジョーンズ博士が目の前に現れ、息つく暇もない冒険の果てに、さらに追い打ちをかけるように巨大な岩が行く手をふさぐ。果たして無事に生還することはできるのか?

➡暗い洞窟に入ると、ジョーンズ博士が天井から下がったロープにしがみついている。その後ろから巨大な岩が
⬇回廊に入ると戦士の顔の彫刻から、走るオフロードカーめがけて毒矢が放たれる!!

⬅崩れかけたクリスタルスカルの内側には、ロウソクの炎が揺れるなか、いたるところに頭蓋骨が置かれている

➡頭蓋骨の祭壇に君臨するかのように黄金色に輝くクリスタルスカル。不気味な雰囲気が漂っている

Raging Spirits ▲ 🚻117cm ✳ ◇ ※身長195cmを超える方はご利用になれません。

㊿レイジングスピリッツ

レールが捻じ曲げられ大パニック！
今なお止まらぬ神々の怒りとは

「レイジングスピリッツ」とは"怒り狂う神々①"を意味する。古代神の石像を発掘する現場で犯してはいけないタブーに触れてしまい、神が怒りを爆発させた。ゲストが乗り込んだホッパーカー（貨車）が、猛スピードで遺跡の中を疾走する。立ち込めた蒸気や、いたるところで燃え上がる炎をくぐり抜け、最後は360度垂直に捻じ曲げられたレールを猛スピードで旋回するという恐怖も待ち構えている。走行する軌道や支柱はさびつき、今にも壊れそう。この恐怖に僕は叫ばない自信はない。

↑ジャングルに佇む石像。夜はライトアップされてさらに不気味さを増す

↑遺跡の全体図や2つの石像の復元図などを見ることができる

現場事務所で見る
2つの石像の復元図

現場事務所には発掘や復元作業に使われる貴重な道具や図面、貴重な出土品などが多数置かれている。ここで古代文字を解読し、復元図をつくり上げたのだろう。神殿の全体図、部分図、正面図など、念入りに調査が進められたようだが……。

イクチュラコアトル（火の神）

火の神の一部が古代の祭祀場の中央に吊り下げられ、まわりで激しい炎が上がる

アクトゥリクトゥリ（水の神）

復元された水の神の石像の一部。上からロープで吊るされた頭部がグラグラと揺れている

↑発掘された品々ははけで土を払われ、木箱に収納されていく。現場事務所に送られるのだろう

←↑ツルハシやシャベルのほかハシゴやランタンなど、発掘に必要な道具があちこちに置かれている

➡箱の宛名は「THE HIGH TOWER TRUST」。しかも住所がニューヨーク・パークアベニュー1。ほかにも2つある

さらに気になる
ポイント
Foot Note

Point1 怒り狂う神々

ジャングルの奥地で、崩れかけた古代神の巨大石像が2体発掘された。周辺で見つかった数々の壁画や古代文字を見ると、石像は「イクチュラコアトル（火の神）」と「アクトゥリクトゥリ（水の神）」と判明。発掘チームはこの2体は向かい合って立っていたのであろうと推測し、復元作業を開始。ところが作業が終了する間際に、イクチュラコアトルとアクトゥリクトゥリの顔を向かい合わせにすることを固く禁じていたことがわかった。古代文字解読チームは急いで復元現場へ向かったのだが、時はすでに遅し！ 石像の復元方法を間違えたために、神々の怒りが爆発。激しい炎が上がり、滝のような水が流れ、作業のために敷かれていたレールが捻じ曲げられてしまったのだ。

↑360度垂直に捻じ曲げられたレールを猛スピードで旋回するホッパーカー

東京ディズニーシーに8番目のテーマポート
「ファンタジースプリングス」が

2024年の春に向かって
新テーマポート誕生のカウントダウンがはじまった。
新たに登場する「ファンタジースプリングス」のテーマは、
"魔法の泉が導くディズニーファンタジーの世界"。
魔法にあふれるディズニーの物語の世界が広がる3つのエリアと
ディズニーホテルで構成される。
どんなテーマポートになるのか、ご紹介します。

Artist Concept Only ©Disney

新エリアの総開発面積は東京ディズニーリゾート史上最大!!

「ファンタジースプリングス」の総開発面積は約14万平方メートル。完成すると、東京ディズニーシー史上最大の開発規模となる。東京ディズニーランド史上最大規模の開発といわれ、ファンタジーランドに誕生したディズニー映画『美女と野獣』をテーマにしたエリア等の総開発面積は4.7万平方メートル。「ファンタジースプリングス」の開発面積の広さがその約3倍とわかれば、スゴさは一目瞭然。ゲストは「魔法の泉」に導かれ、ディズニーの物語の世界へ突入する。

フローズンキングダム

映画でハッピーエンドを迎えたアレンデール王国がテーマ

アレンデール王国の女王であるエルサが、永遠の冬を終わらせて暖かさを取り戻し、祝福ムードに包まれるアレンデール王国。雪が積もった山々から滝が流れ落ち、雪に覆われたノースマウンテンの山頂付近にはエルサの氷の宮殿が輝いている。アナとエルサの心温まる物語をめぐるボートライド型のアトラクションと、アレンデール城内にレストランがオープン予定。

| アトラクション | 1施設 | レストラン | 1施設 |

Story
ディズニー映画『アナと雪の女王』

雪や氷を操る魔法を持つアレンデール王国の王女エルサ。幼い頃、仲良しの妹のアナを魔法で傷つけてしまったことで心を閉ざしてしまった。エルサの戴冠式を迎えた日、閉ざされた城の門を開けたいアナの突然の行動に、これまで抑えていた魔法が暴走してアレンデールを氷の世界に変えてしまう。

※情報は、2023年7月5日の内容であり、今後変更になる可能性があります。※画像は映画のワンシーンであり、アトラクションに登場する画像ではありません。

2024年春、ついにオープン!

画像はイメージです。

ピーターパンの ネバーランド

ピーターパンが暮らす ネバーランドを冒険

ネバーランドのジャングルを飛び立って海賊たちと戦う大型アトラクションと、ティンカーベルと妖精たちが住むピクシー・ホロウを訪ねるアトラクションがオープンする予定。ネバーランドの景色を眺められるレストランの登場も楽しみだ。

アトラクション	2施設	レストラン	1施設

Story ディズニー映画
『ピーター・パン』

ロンドンの住宅街に暮らすダーリング家の3人姉弟、ウェンディとジョンとマイケルは、空を飛ぶ少年ピーター・パンの存在を信じていた。ある晩、目の前に本物のピーター・パンが現れ、ウェンディたちをネバーランドへ行こうと誘う。

東京ディズニーシー・ ファンタジー スプリングスホテル

新テーマポートの世界観を 感じながら楽しめるホテル

新テーマポートの核となる「魔法の泉」を取り囲むように建つ国内6番目のディズニーホテル。館内にはディズニープリンセスが描かれた絵画や草花のモチーフがあしらわれる。ファンタジースプリングスの雰囲気を感じながら宿泊体験を楽しめるデラックスタイプと、東京ディズニーリゾートでの最上級のステイが楽しめるラグジュアリータイプの2種類の客室がある。

客室数／475室（デラックスタイプ／419室 ラグジュアリータイプ／56室）、レストラン（2 施設）、ショップ（1店舗）、ロビーラウンジほか

ラプンツェルの森

森の渓谷に塔がそびえ、 暖かな灯りに包まれる

渓谷にはラプンツェルが小さい頃から暮らしていた塔がそびえる。夜になると塔の灯りや小道に並べられたランプの灯り、レストランやボートハウスの窓明かりなどで、森全体が暖かな光に包まれる。ランタンフェスティバルを訪れるアトラクションや、愉快な荒くれ者たちの酒場をテーマにしたレストランがオープンする予定だ。

アトラクション	1施設	レストラン	1施設

Story ディズニー映画
『塔の上のラプンツェル』

ラプンツェルはゴーテルに城から連れ去られたプリンセス。若返りの力を秘めた金色の長い髪を持ち、母と偽るゴーテルと深い森の中にある塔の上で暮らしていた。やがて自分の誕生日に夜空に輝く無数の灯りが気になり、お尋ね者のフリンと取り引きをしてその灯りを見るために冒険へ繰り出す。

まだ見ぬ新たな冒険の世界
「ファンタジースプリングス」
への期待を語る

僕の
イマジネーション
PART1

ディズニーテーマパークでは世界初！
唯一無二のテーマポートが誕生する

地球レベルで考えれば すべての水は 海とつながっている

「ファンタジースプリングス」のテーマは、"魔法の泉が導くディズニーファンタジーの世界"。海をテーマにした東京ディズニーシーに"泉"？と思う方もいるかもしれません。しかし、僕は「なるほど」と勝手に感動してしまいました。地球上の水はすべて海とつながっている。海と泉は全く異なる場所に存在していますが、漂う海の水はいつか水蒸気となって雨になり、降った雨水は大地に浸み込んでいずれ泉となって湧き出して

きます。それは雪解け水も同じ。滝になり、小川はやがて大きな河になって、いつしか海へと流れ出す。つまり地球に存在する水は循環しながら海につながるのです。その地球のサイクルを「ファンタジースプリングス」で感じられる日が待ち遠しいです。

冒険を味わえるパークの いちばん奥にできる、 新たな物語への期待

「ファンタジースプリングス」の入り口は、ロストリバーデルタとアラビアンコーストの間にできるのですが、東京ディズニーシーの

エントランスからはかなり離れていて、言わば奥地となります。そこがまた、たまりません。なぜなら、東京ディズニーシーは冒険があって、発見があって、旅するように楽しむテーマパーク。冒険の先にはまだ見ぬ世界が広がっていて、まだ誰も到達していない奥地には「魔法の泉」が湧いている……。こんな冒険心をくすぐる物語が、かつてあったでしょうか！僕の勝手な思い込みであることは百も承知で話すのですが、あの大航海時代、冒険の先で、黄金の国ジパングが発見されました。東京ディズニーシーの冒険の先にあると噂される「魔法の泉」に、それと同じようなロマンを感じています。

「ファンタジースプリングス」は、まだ見たことも、体験したこともないエリア。
そこには夏でも解けぬ雪山と氷の世界があって、プリンセスが暮らしていた高い塔がそびえ、
海賊船のそばにはドクロ岩がある。すべてが東京ディズニーシーのオリジナル。
こんなイマジネーションを膨らませるチャンスを与えてくれたディズニーの世界に感謝します。

　過去、偉業を成した冒険者たちも絵空事のような話に心躍らせ、旅に出たのかもしれません。そんな冒険者と同じように、僕もまだ誰も見たことのない「魔法の泉」が湧いているらしいという東京ディズニーシーの奥地、「ファンタジースプリングス」への旅を思い描いては、冒険の準備期間を楽しんでいるのです。

記憶をたどると
あのテーマランドが頭に浮かぶ

　東京ディズニーリゾートが進化する瞬間は、数多くありました。新たなレストラン、新たなアトラクション、数々の新しい物語が生まれ続けていて、その進化の瞬間に立ち会えるのは僕にとって無上の喜びです。過去、僕は2つのテーマランドの誕生を経験することができました。クリッターカントリーとトゥーンタウンです。クリッターカントリーのときは、小動物の世界がまるごとやってきたんですよね。トゥーンタウンは、ミッキーと仲間たちの街がやってくるというとんでもない興奮に包まれました。

　一つの世界が生まれ、その中で数々の物語が生まれる、それが今までのテーマランド誕生で感じていたことなのですが、今回の「ファンタジースプリングス」はまたひと味違いそうです。数々の物語が一つのテーマポートで折り重なり、新たな世界が生まれる。『アナと雪の女王』の世界、『塔の上のラプンツェル』の世界、『ピーター・パン』の世界が一つのテーマポートになったときに、どんな世界が生まれるのか。

　ディズニーのイマジニアたちはこの壮大なプロジェクトの会議で、どんなに楽しい会話を交わしたのだろうと考えるだけでニヤニヤしてしまいます。

3つの映画の世界が共存し大きな相乗効果をもたらす前代未聞のテーマポート

↑映画の終盤、城の門が開かれ、雪の女王であるエルサが氷の魔法を受け入れたあとの世界が広がる

フローズンキングダム

↑平和を取り戻し、やさしい光にライトアップされた王国の夜。山の向こうに氷の宮殿が

城の門が開いていたら
それだけで感動！

「ファンタジースプリングス」の世界を形成する注目エリアのひとつに「フローズンキングダム」があります。「レット・イット・ゴー〜ありのままで〜」を筆頭に世界に一大ブームを巻き起こしたディズニー映画『アナと雪の女王』のエリアがついに東京ディズニーリゾートに誕生するのです。

映画で見た城の門が開いていたら、それだけで感動してしまいますよね。映画を何度も見ている方なら、うなずいていただけるの

ではないでしょうか？ あの城の門が開くことを、どれほどアナは待ち望んでいたか。

また、ここは季節の移り変わりが楽しみなエリアでもあります。もし雪が降ったときに訪れることができたら……。「フローズンキングダム」ができることによって、雪の降る東京ディズニーシーに来れることを喜ぶ方が増えるんじゃないでしょうか。なぜなら、『アナと雪の女王』は雪と共にあるのですから。むしろ、雪の日にこそ、と思われるかも。また、作品の中には太陽が輝く夏のシーンもあります。特に夏と冬が楽しみになるエリアですね。

誕生する新エリアで主人公のように冒険し、楽しみたい

ラプンツェルの森

あの美しいランタンの灯りがどのように表現されるかに期待！

　森の奥深くに塔がそびえるエリアは「ラプンツェルの森」。ディズニー映画『塔の上のラプンツェル』は、物語の中で昼と夜の光を見事に映し出した作品です。夜空に浮かぶ灯りを見に行くことを叶えたい夢と、母だと信じるゴーテルへの想いの間で葛藤を繰り返すラプンツェル。勇気を振り絞って彼女が決断したのは、塔を降りて夜空に輝く無数の光を見に行くことでした。印象的だったのが、はじめて塔を降り、素足で地面を踏んだときの森の中のあふれる光。そしてランタンを飛ばしたときの夜空を埋め尽くす美しい光。昼と夜の光が印象的な作品だからこそ、その両方を時間差で楽しみたいエリアです。このエリアを歩くときは、ただの地面ではなく、ラプンツェルが喜びと共に踏み締めた地面だと思って、歩こうと思います。また、アトラクションでは、どの曲が聴けるのか。ボートに乗ってあのランタンが夜空に舞い上がる瞬間を体験できるなんて、僕にとってはたまらないアトラクションになりそうです。

←水をたたえる森の中心にそびえるのは地上に降りたことのないラプンツェルが暮らしていた塔
↓流れ落ちる滝や水辺に映り込む光が幻想的な世界をつくり出す。夜はランプの光が道標に

Artist Concept Only
©Disney

3つの映画の世界が共存し
大きな相乗効果をもたらす
前代未聞のテーマポート

僕の
イマジネーション
PART3

予想できない分だけ楽しみが大きい 僕にとっては謎だらけのエリア

Artist Concept Only
©Disney

↑東京ディズニーシーでは2つ目の火山が登場!? 海賊船にはジョリー・ロジャーがはためいている

ピーターパンのネバーランド

あの幼きころの自分に会いに童心に返れる世界へ

「ファンタジースプリングス」の中で、一番謎に包まれているのがこのエリア。なぜなら、東京ディズニーランドにはすでに「ピーターパン空の旅」というアトラクションがあるからです。この新たなアトラクションがネバーランドへ、一体どんなアプローチをしてくるのかが楽しみです。
『ピーター・パン』といえば、僕の人生の中でビデオテープがいちばん擦り切れるほど観たディズニー映画。冒険へと誘う力がすごくて、当時のロンドンとファンタジーのネバーランドがうまく紐づけられているところに魅せられ、幼少期のころから虜になりました。まさか、夢にまで見たあのネバーランドを歩ける日が来るなんて。思ってもいませんでした。海賊船があって、ドクロ岩があって……。一歩足を踏み入れた瞬間に、僕をあのころの時代に戻してくれるような気がします。どんな魔法が展開するのか? 心の底から、楽しみで仕方ありません。大人になり随分経ちますが、童心に帰って歩こうと思います。

東京ディズニーシー・ファンタジースプリングスホテル

↑パークから見た外観

「魔法の泉」を囲むように建つ
6番目のディズニーホテルが完成

ディズニーパークの中に2つのホテルが存在するのは、僕が知る限りおそらく世界初。東京ディズニーシー・ホテルミラコスタに宿泊し、メディテレーニアンハーバーの眺めを経験した僕にとって、「魔法の泉」を囲むように建つホテルの客室からどんな景色が見えるのか、考えただけでワクワクします。館内にはプリンセスを描いた絵画や草花のモチーフが見られ、「ファンタジースプリングス」の世界観を感じながら宿泊できるようです。

このホテルがパークのいちばん奥にあるということは、「魔法の泉」から出発してパークを回ることができるってこと。冒険する感覚が変わって、新たな発見があるかもしれませんね。

グランドオープンまでのあいだ、ぜひご一緒にイマジネーションを膨らませて、2024年の春に、「魔法の泉」を探しに出かけましょう。ディズニーのテーマパークは、持っている想像力を豊かにする最高のパークなのですから。

暮れるとドクロ岩の目が不気味な光を放つようだ。冒険気分を盛り上げるシチュエーション

東京ディズニーシーには、
まだまだ紹介しきれない話題がいっぱい。
ここでは個人的な「LOVEポイント」を紹介。

ディズニーシー・プラザで迎えてくれるのは若かりしウォルトとミッキーの像

　東京ディズニーシーと東京ディズニーランドには、ウォルト・ディズニーとミッキーマウスの像がある。東京ディズニーランドにある「パートナーズ」像は、成功をおさめた晩年のウォルトと人気者になったミッキー。東京ディズニーシーの像は、アニメーション制作の事業がうまくいかず、それでも夢をあきらめずにカンザスシティから「映画の都」ハリウッドにやってきた22歳のウォルトとミッキー。東京ディズニーリゾート30周年を記念して、ザ・ウォルト・ディズニー・カンパニーのキャストから贈られたもの。この像の後ろにあるプレートには、「魔法と思い出をともにわかちあった30年を記念して、ウォルト・ディズニーはこう断言するでしょう。"まだはじまったばかりだよ"と」と記されている。そう、東京ディズニーシーは海をテーマにした世界で唯一のディズニーのパークであり、歴史ははじまったばかり。未来を見つめるウォルトとミッキーから、夢を見続けることの大切さが伝わってくる。

↓わずかなお金とカバンひとつでハリウッドにやってきたウォルトとミッキー。くじけそうな出来事があっても、心は夢と希望で満ちあふれていた

ミッキーのカバンにあるラゲージタグのNo.111828は、おそらく1928年11月18日のことでミッキーの誕生日。M.M.はもちろんミッキーマウスのことだろう

ウォルトのラゲージタグのNo.12501は1901年12月5日、ウォルトの誕生日を思わせる。カンザスシティからハリウッドにやってきたことがわかる

靴のかかとの裏には、ウォルトが幼少の頃に過ごした街、マーセリンの名前が記されている

芸術家へのオマージュ
「ガッレリーア・ディズニー」で名画鑑賞

ミラコスタ通りを入ったところに、カラフルなタイルをちりばめたショーウインドウが目を引くショップ「ガッレリーア・ディズニー」がある。ガッレリーアはイタリア語でギャラリーのこと。店内にはギャラリーさながらに絵画が飾られており、近代絵画の巨匠スーラやゴッホ、アメリカ近代美術に影響を与えたジャクソン・ポロックやアンディ・ウォーホルなどの作品をモチーフに、ディズニーキャラクターが描かれている。世界の名画×ディズニーならではの遊び心に、感動せずにはいられない。

チップとデールのキュビスム風

ドナルドとデイジーのスーラ風

↑ドナルドとデイジーが描かれた作品は、19世紀後半に活躍したフランスの新印象派、ジョルジュ・スーラの代表作「グランド・ジャット島の日曜日の午後」をイメージしている

↑斬新なキュビスムの手法でエキセントリックに描かれているのはチップとデール。キュビスムは、ピカソ、ブラックにはじまった芸術運動

プルートのウォーホル風

←現代ポップアートで有名なアンディ・ウォーホルタッチのプルート。ウォーホルはキャンベル・スープの缶を描いて注目を浴びた、ポップアートの旗手
→絵の具をたらして描くアクション・ペインティングの代表的存在、ジャクソン・ポロックの作品をイメージしたミッキー。ポロックは20世紀の絵画に革命をもたらしたアメリカの画家だ

ミッキーのポロック風

←店内に入るとイタリアンデザインの内装に、ダッフィーやパークのグッズがズラリと並ぶショップ

ミニーのクリムト風

ゴッホの世界観が広がるウインドウを発見！

ひとつのウインドウをのぞくとそこには、フィンセント・ファン・ゴッホの自画像が。壁には「夜のカフェテラス」「糸杉のある麦畑」「ファン・ゴッホの椅子」などの絵がある。その絵の中には弟テオに宛てた手紙のモチーフが。のぞいてみるだけで、ゴッホの世界観に浸ることができる。また、さまざまな部分に微笑ましい発見が……。

↑ミニーの絵画は独自の世界観と、金箔を使った黄金様式で有名なオーストリアの画家、クリムトの名作「アデーレ・ブロッホ＝バウアーの肖像Ⅰ」がモチーフになっているようだ

苦労してつかんだ
スクルージ・マクダックの
アメリカンドリーム！

アメリカンウォーターフロントの一角に堂々と構える大きな建物は、世界で一番リッチなアヒル、スクルージ・マクダックが経営する百貨店。スクルージは19世紀末のゴールドラッシュで最初の財を築いたあと、それを資金にニューヨークへ夢を叶えるためにやってきた。はじめた質屋は軌道にのり、オープンした卸売りの洋品店も繁盛し、ついには一等地に「マクダックス・デパートメントストア」をオープン。店内は金ぴかで、店の前には金貨が積まれた噴水が水をたたえている。さすが世界一大金持ちのアヒル。実は倹約家で有名なスクルージにとっては、これが生まれてはじめての贅沢な体験。建物の奥には、ゴージャスな入り口とは対照的に、質屋や問屋が当時のままのスタイルで残され、彼のこれまでの努力がうかがえる。

↑お金が湧き出るように望んでいるのだろうか？　噴水にはたくさんの金貨が積まれている

↑店内には金持ちぶりを誇調するように金貨に囲まれたスクルージ・マクダックの像が飾られている

←↑「マクダックス・デパートメントストア」の奥にある、質屋。値札がつけられた楽器や服、時計などがある

↑マクダックは問屋の経験もあり、棚の上にはたくさんの洋服の生地や糸なども並んでいる

LOVE ポイント

世界に名だたる
ブロードウェイの劇場ではじまった
ウォルト・ディズニーと
ミッキーのサクセスストーリー

「ブロードウェイ・ミュージックシアター」で
タップダンスを踊り、ピアノやドラム演奏で
ゲストを魅了するミッキーマウス。史実をさ
かのぼり、ブロードウェイといえば、ミッキー
マウスとウォルト・ディズニーには深い関係
があるのをご存じですか？　ニューヨークに
実在するブロードウェイ・シアターの前身は
コロニー劇場。劇場名は幾度となく変わった
ものの、そこは1928年11月18日、ミッキーの
デビュー作『蒸気船ウィリー』が公開された場
所。当時は映画館と
して利用され、世界初のトーキーアニメーションで、小さなネズミ
が蒸気船の舵を取り、口笛を吹いて音楽を奏でるという奇想天外
な作品はたちまち大ヒットを記録した。1930年代に入ると、ウォ
ルトは成功の波に乗り、長編カラーアニメーションに挑戦。1937
年公開の『白雪姫』は空前のヒット作となり、ブロードウェイの歴
史を変えた作品となっている。ちなみにウォルト・ディズニーがブ
ロードウェイに魅せられたのは1920年代のこと。ニューヨークへ
商談に来るたびに、ミュージカルの華やかさに影響を受けて、そ
の要素を自身の作品にも反映させるほど、ミュージカルの世界に
のめり込んだという。ミュージカル性の高いディズニー映画のル
ーツは、もしかしたらブロードウェイにあるのかもしれない。

↑アメリカンウォーターフロントにある「ブロードウェイ・
ミュージックシアター」の外観。建物の上部にはローマ神話
の海神ネプチューンとマーメイドの石像が。海をテーマにし
た東京ディズニーシーならでは
←『蒸気船ウィリー』のミッキーの声を担当したのは、ミッ
キーの生みの親であるウォルト自身だった

ジョークもユーモアも満載
街を彩るコマーシャルアート

　アメリカンウォーターフロントの高架線路の下にあるデランシ
ーストリートは、ニューヨークにも実在する商業広告が多いことで
有名な通り。商業が発達したこの時代の広告看板やポスターは、
まるでアートのように人々を釘付けにするユーモアに富んでいる
ものが多い。意味がわかると、“クスッ”と笑えるジョークや“なる
ほどね”と感心させられるユーモアも。20世紀初頭の大都市、ニ
ューヨークの活気が伝わってくるようだ。

ニューヨークの喧騒のなかにある
ハーバーに面したベンチがお気に入り

　かつて魚市場だった「レストラン櫻」の横には、桟橋が並び、今も物流の要と
して客船や大型貨物船が停泊し、数多くの漁船も見られる。ニューヨークの喧騒
のなかでひと息つける空間が、ハドソンリバーブリッジとオールド・アーモリィ・
ブリッジを望むベンチ。コーヒーをお供にボーッとするのが、最高の癒やし。

↑行き交う蒸気船をボーッと眺めながら、ひと休みするのに絶好のスポット

←「ニューヨーク・デリ」
のポスターは、“世界的に
有名なマイル・ハイ・サ
ンドウィッチ（1マイルの
高さがあるサンドウィッ
チ）の発祥地”というの
が宣伝文句。1マイルと
いえば、約1.6km。それ
だけ高さが自慢のサンド
ウィッチということだ

➡腫れた頬を押さえている人のポス
ターは、歯痛をおさえて虫歯を予
防するガムの宣伝。ガムは一流の歯
医者から高い評価を受けて、薬剤師
から15セントで、あるいは郵送でも
手に入るようだ

←「のどにカエルがいる
あなた」というキャッチ
フレーズが目を引くポス
ターは、咳や風邪に効く
のどあめの広告。価格は
10セントとお手頃のよう
だ。同じ場所に2枚ある
ということは、インパク
トを狙っているのか？

ニューヨーク港の花形 S.S.コロンビア号

時折、港にこだまする汽笛の音、気品に満ちた雄大な船体。アメリカンウォーターフロントで目を引くのが豪華客船S.S.コロンビア号だ。埠頭に停泊するこの船は、大西洋横断の航海に向けて準備の真っ只中。20世紀初頭、世界最新で最高級、「水上宮殿」の愛称からもその優雅さがうかがえる。全長約140m、幅約25m。船を所有しているのはU.S.スチームシップカンパニー。この会社はS.S.コロンビア号のほかにS.S.フーサトニック号、S.S.モノンガヒラ号という大型客船を所有している。「ドックサイドステージ」近くには、3隻の船が描かれた看板がある。

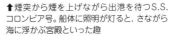
⬆煙突から煙を上げながら出港を待つS.S.コロンビア号。船体に照明が灯ると、さながら海に浮かぶ宮殿といった趣

甲板で潮風を吸い込むと、まさに航海の気分!

➡S.S.コロンビア号の船首甲板。ここから見るパノラマビューは最高で、豪華客船に乗っている気分が味わえる

S.S.コロンビア号のよき相棒 小さくても頼れるヘラクレス

S.S.コロンビア号の出港を今か今かと待ちわびているのは、その船首右側に停泊する小型タグボートのヘラクレスだ。押し船や曳船と呼ばれる船で、港内で大型船を押したり引いたりしながら方向転換を助け、大海原へ誘導する大型船の強い味方だ。小さくて目立たぬ存在だが、パワーは絶大。ハドソンリバーブリッジの上からその船体を見ることができる。

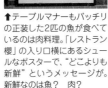
⬆テーブルマナーもバッチリの正装した2匹の魚が食べているのは肉料理。「レストラン櫻」の入り口横にあるシュールなポスターで、"どこよりも新鮮"というメッセージが。新鮮なのは魚? 肉?

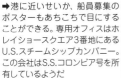

➡港に近いせいか、船員募集のポスターもあちこちで目にすることができる。専用オフィスはホレイショースクエア3番地にあるU.S.スチームシップカンパニー。この会社はS.S.コロンビア号を所有しているようだ

⬇当時、電気は魔法のように思われたのだろうか? 魔法使いのような人物による「すばらしい電気ショー」の宣伝ポスターが。どんなショーなのか観てみたい!

もはや素通りできなくなるよ……!

⬆ヘラクレスはギリシャ神話に登場する、12の冒険を成し遂げた英雄の名前だ

LOVE ポイント

レストランの物語に思いを馳せて

東京ディズニーシーには、アトラクション同様、ワクワクするような冒険やロマンティックな物語を体験できるレストランがたくさんある。なかでも、特別な日に大切な人と訪れたい「マゼランズ」と「テディ・ルーズヴェルト・ラウンジ」を紹介。

マゼランズ

隠し部屋のようなダイニングがある
大航海時代を象徴するレストラン

史上初の世界一周を指揮し、地球球体説を実証し、時差を認識するなど、数々の偉業を成し遂げた16世紀の航海者フェルディナンド・マゼラン。ここは彼の功績に敬意を表したレストラン。店内は富を象徴したマヌエル様式の造りで、中央に配した直径4mの地球儀と、ドーム天井に16世紀の天文学に基づいて描かれた星座が見もの。フロアはメインダイニングのほかに、本棚を扉にした隠し部屋のような「ワインセラー・ダイニングルーム」や、冒険家たちがくつろぐ「アーミラリー・ダイニングルーム」がある。このどちらかの部屋に通されるかもしれない楽しみが設けられている。

➡中央にある地球儀は大航海時代に冒険家たちが世界を旅して集めた資料を基につくられている

⬅本棚をスライドさせると現れる「ワインセラー・ダイニングルーム」。たくさんの樽が置かれワインの貯蔵庫をイメージ
➡荘厳な雰囲気が漂うフォートレスの一角にレストランがある

テディ・ルーズヴェルト・ラウンジ

ソファに身体をゆだねて
グラスを傾ける──
贅を尽くした大人の空間

ニューヨークの港に停泊する豪華客船S.S.コロンビア号の船内に、アメリカ合衆国第26代大統領セオドア・ルーズヴェルトの通称「テディ」を冠したラウンジがある。ルーズヴェルトは、日露戦争を調停した功績により、アメリカ大統領として初のノーベル平和賞を受賞した人物。インテリアは重厚さをもたらすカウンターやテーブル、革張りの椅子やソファなどで統一され、この上ないゴージャスさを漂わせている。ゆったりとした座り心地のよいソファーに腰を下ろして、マティーニなどのカクテルで乾杯すれば、大人の世界へ即座にワープ。夕闇が迫ってくる時間に下船すると、思わず20世紀初頭のアメリカにいるのではと思ってしまうくらいだ。

⬆ガラスケースの中には、ルーズヴェルトが政治家として活躍した写真や、未開の地を冒険したときの収集品が展示されている
⬅メインダイニング。ラウンジ内の壁にはルーズヴェルトの写真があり、プライベートのものも含めて9枚の肖像画が掲げられている

⬅入ると目につくのは4頭の木彫りのクマが立っているバーカウンター。3頭は天井を支えているが、1頭は魚を食べている!?

市民が集まる憩いの場、ウォーターフロントパークの誕生物語

ウォーターフロントパークにある、地面から水が噴き出すウォーターフロントパーク・ファウンテン。その中心の飾り格子に、ヴラディミール・ポピノフという名前がある。彼はこの愉快な噴水の元となる水脈を発見した人物だ。ある日、広場の地面が盛り上がっているのを見つけ、掘ってみると突然、水しぶきが上がった。公園を閉鎖して調査をすると、この水はハドソン川から流れてきた地下水で、川底の満ち引きによって、断続的に噴き出すことが判明した。そこで、ニューヨーク市水道局の技術者たちが水の流れをコントロールし、噴水にしたというわけ。今ではすっかり市民を潤す夏のクールスポットとなっている。

←ウォーターフロントパークは、「ブロードウェイ・ミュージックシアター」の前にある

→ウォーターフロントパーク・ファウンテン。たくさんの噴き出し口から、さまざまなパターンの水柱が噴き出す

↓公園内にある飾り格子には、水脈が発見された年と発見した職員の名前などが刻まれている

↑ウォーターフロントパークの壁にはローマ数字で「MDCCLXXIII」と記されている。この文字を読み解くと「1773」。年号なのか、なんなのか。この数字が意味することは、未だ誰も知らないよう。これからも調査を続けていきたい

レストルームの前にある泉水の3つの水源は

ここはニューヨーク市水道局。泉水には「サスケハナ川」「ハドソン川」「モホーク川」と、山々から大都市へ流れてくる3つの川の名前が記されている。泉水の両サイドには、"渇いた人々にとって水は黄金よりも価値があります""カラカラに乾いた街は衰退する。乾きを癒やした街は繁栄する"と、水道局から水の重要性を伝えるメッセージが書かれている。

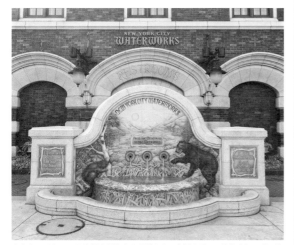
↑泉水のまわりには自然や動物たちが描かれ、自然を愛し、水を大切にする姿勢がうかがえる

古代トゥーンの石碑がロストリバーデルタで発見された！

ロストリバーデルタの「ミッキー＆フレンズ・グリーティングトレイル」にあるこの石碑。一見ミッキーにそっくりだが、実はミッキーではなく、ミッキーの遠い祖先らしい古代トゥーンの石碑。両サイドにある彫刻もチップとデールではなく、古代トゥーンの姿だと伝えられている。似ているけれど、そうではない古代トゥーンは、このあたりの発掘エリアでたくさん見つかっているようだ。

↑ミッキーにそっくりな石碑は、古代トゥーンのもの。この石碑の先では、本物のミッキーに会える

↑ということは、これもドナルドではなく、古代トゥーン？　ほかの遺跡と向かい合わせにすると、怒りをかうかも!?

これ以外の古代トゥーンもたくさんあるから発見しがいがある

LOVEポイント

見るテーマポートによって表情が変わるプロメテウス火山

プロメテウスとは、ギリシャ神話に登場する火をつかさどる神の名前。火山の高さは東京ディズニーランドにあるシンデレラ城と同じ約51m。全テーマポートから見えるわけではないが、テーマポートによって見える表情が異なるのが興味深い。20世紀初頭のメディテレーニアンハーバーやアメリカンウォーターフロントの港越しに望む火山の姿は美しく雄大で、火山の岩肌には裾野から植物が繁茂しはじめ、生命の力強さを感じさせる。時を経た未来のマリーナ、ポートディスカバリーから見ると、山肌には変化が起こり、岩のすき間から木々が生えはじめているのがわかる。パークを一巡してみると、それぞれのテーマポートに呼応するように、プロメテウス火山はさまざまな表情を見せてくれる。すべてを計算し尽くしているディズニーの緻密さに感動しかない。

↑ニューヨークの港に停泊する貨物船シーウルフ越しに見るプロメテウス火山。穏やかな表情で港を見下ろす

↑時折、噴火はするものの、穏やかな表情を見せるメディテレーニアンハーバー側。裾野には樹木が広がっている

←のどかなニューイングランドの漁村ケープコッドからのプロメテウス火山。火山の山頂近くまで生命の息吹が感じられる

↑ポートディスカバリーから見ると、火山というよりも岩山。自然と科学を研究するテーマポートの景観にマッチしている

ディズニー映画音楽のレジェンドアラン・メンケンとは

ディズニー映画の作品をはじめ、映画やアニメーション、ミュージカルなどの音楽を次々と生み出してきたアラン・メンケン。アカデミー賞を最多受賞し、"ディズニー・レジェンド"の称号を与えられた世界に名だたる作曲家だ。東京ディズニーシーでは、「シンドバッド・ストーリーブック・ヴォヤッジ」のために、テーマ曲「コンパス・オブ・ユア・ハート」を制作。壮大で力強さのなかにやさしさを秘めたメロディーは、"心のコンパス"を信じて新しい航海へ出発する勇気につながる。

アラン・メンケンが携わったディズニー映画作品
『リトル・マーメイド』(1989)
『美女と野獣』(1991)
『アラジン』(1992)
『ポカホンタス』(1995)
『ノートルダムの鐘』(1996)
『ヘラクレス』(1997)
『ホーム・オン・ザ・レンジ／にぎやか農場を救え！』(2004)
『魔法にかけられて』(2007)
『塔の上のラプンツェル』(2010)
『キャプテン・アメリカ／ザ・ファースト・アベンジャー』(2011)
『美女と野獣』(2017)
『シュガー・ラッシュ：オンライン』(2018)
『アラジン』(2019)
『魔法にかけられて2』(2022)
『リトル・マーメイド』(2023)

"開けゴマ！"というネーミングがそそるワゴン

とにかくこのネーミングがたまらなく好き!!

"開けゴマ！"とは『アラビアンナイト（千夜一夜物語）』の中の物語のひとつ『アリババと40人の盗賊』に出てくる盗賊たちが宝を隠した洞窟の扉を開けるときに唱える呪文。『アラビアンナイト』は、シャハリヤール王に大臣の娘シャハラザードが、千一夜にわたって語り続けるという形式の物語集。そのなかでも有名なのが、ディズニー映画『アラジン』の原作になった『アラジンと魔法のランプ』、「シンドバッド・ストーリーブック・ヴォヤッジ」のベースになった『シンドバッドの冒険』。「オープンセサミ」で心の中で"開けゴマ！"と唱えてチュロスを手に入れたら、宝物を見つけた気分になれるかも!?

通りによってガス灯と電灯が混在する
20世紀初頭のニューヨーク

アメリカンウォーターフロントのニューヨークは、1912年の大都市とその港で感じられた活気に満ちあふれている。この頃のニューヨークは、馬や馬車は自動車に替わり、電報は電話に、そしてガス灯は電灯に替わる過渡期だった。コロンバスサークルを起点に、船員たちが集まる旧市街のウォーターストリートにはガス灯の炎が揺らめき、発展豊かなブロードウェイには電灯が輝いている。そして2つの通りを結ぶデランシーストリートにはどちらも混在し、大きな電球の広告看板が見られるユニークな通りとなっている。

ブロードウェイの電灯

↑劇場街として名高いブロードウェイには、重厚な街並みに合わせた電灯が使われている

ウォーターストリートのガス灯

↑色褪せたレンガ造りの建物が並ぶウォーターストリートには、ガス灯の炎が灯る

20世紀初頭のニューヨークの街で開通したばかりの地下鉄を発見!

　地下鉄の駅があるのは、ブロードウェイにあるレストラン「ニューヨーク・デリ」のそば。「SUBWAY」と書かれたサインの後ろには柵に囲まれた地下鉄へ降りる階段がある。その正面には「TO SUBWAY BROADWAY-QUEENS」と書かれたプレートが。地下鉄はブロードウェイ駅とクイーンズ駅を結んでいるようだ。壁には地名や距離が書かれた路線図が貼られている。この時代に地下鉄が開通していたのは驚きだ!

↓アメリカンウォーターフロントにあるブロードウェイ駅。ティンパンアリーの手前に、地下鉄のサインを発見できる

↑路線図の左上に書かれている「インターボロー・ラピッド・トランジット」は、1903～1940年にニューヨーク市に実在した鉄道会社のようだ

編集部調べ ハリソン・ハイタワー三世のモデルになった人物とは……

　モデルになったのはジョー・ロード。"伝説のディズニー・イマジニア"と呼ばれた人物で、1990年にウォルト・ディズニー・イマジニアリングに入社し、約40年のキャリアのなかでウォルト・ディズニー・ワールド・リゾートのディズニー・アニマルキングダムやアウラニ・ディズニー・リゾート&スパ　コオリナ・ハワイなどに関わった敏腕クリエイター。ディズニー界ではカリスマ的存在で、クリエイティブな仕事ぶりを発揮していた。ジョー・ロードのトレードマークは左耳のイヤリング。顔だちはハイタワー三世そのもの。

↑ハリソン・ハイタワー三世の肖像画

←「タワー・オブ・テラー」は、ハイタワー三世が突然失踪した不気味なホテルを舞台にしたアトラクション

ディズニーの三ツ星グルメ

冒険前のガッツリ飯

和食に、イタリアン、エスニック……、東京ディズニーシーにはグルメをうならせる本格的な料理が数多く揃っている。しかもどれも冒険家を満足させるボリューム満点のポーションで元気飯にするにはうってつけだ。

シェフおすすめのピッツァ 2400円
↑ピッツァ・ビアンカネーヴェ（プロシュート、ルッコラ、トマト、モルネーソース）
25 リストランテ・ディ・カナレット

**ベーコンエッグ
バーガーセット
1380円
（単品900円）**

➡大きなバンズにビーフパティ、ベーコン、目玉焼きがサンドされた食べ応えのある人気メニュー

**プルドポーク・
チーズバーガーセット
1380円 （単品900円）**

←ビーフパティとBBQ風味のポーク、紅茶風味のオーロラソース、レタスやトマトをサンド
43 ケープコッド・クックオフ

**マイルハイ・デリ・
サンドセット
（ローストビーフ、
シュリンプ、苺・
バナナ・カスタード）
1570円
（単品1090円）**

➡ローストビーフのほかにフルーツもサンドされた豪華でボリューム満点な一品
48 ニューヨーク・デリ

ヴォルケイニアセット 1980円
↑冷製四川風担担麺 鶏の唐揚げ添え、帆立貝とキノコのネギ塩だれ、冷製トマト酸辣湯、杏仁豆腐（桃とりんごのソース）、ソフトドリンクのチョイス

**マーボー豆腐のあんかけ
チャーハン 1180円**

←人気メニューが合体。チャーシューと玉子のチャーハンにマーボー豆腐がのったイチ押しメニュー
105 ヴォルケイニア・レストラン

※掲載のメニューは価格、販売店舗が変更になったり、品切れや販売終了になる場合があります。※掲載のメニューは、季節によって販売が限定される場合があります。
※施設の運営状況については、東京ディズニーリゾート・オフィシャルウェブサイト（P.88参照）をご確認ください。

コンビカリー、タンドーリチキン添え
（中辛ビーフ＆甘口シュリンプ）1300円

↑ビーフとシュリンプの2種類のカリーを、ライスとナンと一緒に味わえる豪華版！

86 カスバ・フードコート

ベーコンチーズバーガー　グラタン仕立て、コールスロー付き（セット／フレンチフライポテト、ソフトドリンクのチョイス）1960円（単品1480円）

↑これぞガッツリ飯の決定版。ボリューム満点のバーガーに大満足すること間違いなし！

47 ドックサイドダイナー

サンドウィッチプレート
（シュリンプとサーモントラウトのサンド、フライドチキン、ワッフル＆メイプルシロップ）2800円

↑大きな口を開けてかぶりつきたいボリューミーなサンドウィッチは盛り合わせも豪華

45 テディ・ルーズヴェルト・ラウンジ

ロティサリーチキン
（フルポーション）2500円

♪ロティサリーでチキンを低温でじっくり炙り焼いた料理。ハーフポーションは1450円

19 カフェ・ポルトフィーノ

シーフードピッツァ
（エッグ＆サーモントラウト）1300円

ミートボール・スパゲッティ 1100円

↑大きなミートボールがのった、ボリューミーなパスタ。僕は食べていると、レディとトランプのあのシーンが浮かんでしまう
←サーモントラウト、海老、貝柱の魚介類をたっぷりとトッピング。真ん中の玉子に注目！

21 ザンビーニブラザーズ・リストランテ

シーフードカルツォーネセット 1280円（単品800円）

←たっぷりのシーフードをピザ生地で包んだ人気メニュー。海にちなんだ貝殻の形

101 セバスチャンのカリプソキッチン

天麩羅膳
（季節の前菜、天麩羅、ご飯、味噌汁、茶碗蒸し からすみパウダー添え）3300円

→ニューヨークで食べる和食をイメージ。天麩羅はキス、帆立貝、海老などの7種類の盛り合わせ

魚料理とヒレカツ膳
（季節の前菜、鰆の西京焼き、ヒレカツ、ご飯、味噌汁、茶碗蒸し からすみパウダー添え）3300円

54 レストラン櫻

→バジル味噌ソースで食べる鰆の西京焼き。ヒレカツはお口直しにパプリカと金柑のピクルスが添えられている

冒険の途中にひと息 スナック＆スウィーツ

パークに行ったらマストで食べたくなるのが、お手軽フードやワンハンドグルメ、ハートがキュンとときめくスウィーツなど。腰を据えてしっかり食べるのもいいが、テーマポートごとにお目当てを決めて食べ歩くのもおすすめ。

ロングピッツァ（トマト＆バジル）1個960円

↑トマトとバジルソースを生地の中に閉じ込めた、風味豊かなワンハンドピッツァ

21 ザンビーニ・ブラザーズ・リストランテ

おこげとワンタンのスープ 420円

→ワンタンのスープにおこげが浮かぶ。僕が愛してやまない一品

105 ヴォルケイニア・レストラン

スパイシースモークチキンレッグ 単品600円

↑スモーキーな香りとスパイスが食欲をそそるボリューム満点の一品にかぶりつけ！

76 ミゲルズ・エルドラド・キャンティーナ

ユカタンソーセージドッグ 1本500円

寿司ロール（シュリンプ＆チキンカツ）1本550円

→海老入りのチキンカツをご飯で巻いた食べ応えのある一品。カラフルなゴマがかわいらしい

62 ベイサイド・テイクアウト

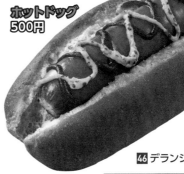

ホットドッグ 500円

↖ニューヨークの街で食べ歩きするならコレ。小腹が空いたときに食べたい定番

46 デランシー・ケータリング

ミッキーうきわまん（チキン）1個750円

↑ミッキーシェイプの耳の部分には照り焼きチキン餡が、浮き輪の部分には中華風チキン餡が入っている。40周年記念メニュー

60 シーサイドスナック

↑噛むほどに旨い。フランスパンで1本まるごとソーセージを巻いたホットドッグ

74 エクスペディション・イート

シェフのおすすめセット1280円（単品800円）

→ミッキーピザ（ビーフ＆マヨネーズ）は、みんなが大好きな2種類の味をたっぷりトッピング

101 セバスチャンのカリプソキッチン

ギョウザドッグ 1個600円

↑オープン当初からのロングセラー。肉まんの生地のなかに湯葉で包んだ餃子の具が入っている

106 ノーチラスギャレー

※掲載のメニューは価格、販売店舗が変更になったり、品切れや販売終了になる場合があります。※掲載のメニューは、季節によって販売が限定される場合があります。
※施設の運営状況については、東京ディズニーリゾート・オフィシャルウェブサイト（P.88参照）をご確認ください。

サルタンズサンデー（チュロス、ミルクソフトクリーム、マンゴープリン）1個850円

←マンゴープリン、チャイゼリーなどが入ったサンデーをチュロスと一緒に味わう

87 サルタンズ・オアシス

デミグラス・チュロス（ポテト）1本500円

→チュロスなのに甘くないのは、まわりが塩味のポテトで中身はデミグラスソースだから

107 リフレッシュメント・ステーション

ティポトルタ（チョコレート＆オレンジ）1本500円

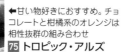

東京ディズニーリゾートの味、チュロスが大充実！

←甘い物好きにおすすめ。チョコレートと柑橘系のオレンジは相性抜群の組み合わせ

75 トロピック・アルズ

チュロス（チャイシュガー）1本500円

→かぶりつくたびに濃厚なチャイの味わいが楽しめる。パッケージのキャラクターにも注目

85 オープンセサミ

いっぺんに見ると違いがわかるポップコーンワゴンを紹介

香りに誘われてついつい引き寄せられてしまうポップコーンは、パークになくてはならない冒険のお供。パークのポップコーンは味のバリエーションも豊富だが、ワゴンのデザイン性にも注目したい。

→ポップコーンのレギュラーボックス400円、スーベニアトングはプラス800円

メディテレーニアンハーバー

▷ソアリン：ファンタスティック・フライト前

▷リドアイル前

アメリカンウォーターフロント

▷ドッグサイドステージ前

▷リバティ・ランディング・ダイナー前

▷ケープコッド・クックオフ前

ポートディスカバリー

▷アクアトピア横

ロストリバーデルタ

▷ハンガーステージ横

アラビアンコースト

▷アラビアンコースト前

マーメイドラグーン

▷スカットルのスクーター前

▷シータートル・スーヴェニア前

ディズニー_の グッズセレクション

ディズニーの グッズセレクション

東京ディズニーシーには、キャラクターのぬいぐるみはもちろん、ステーショナリーやキッチングッズなど、つい手に取りたくなるアイテムがよりどりみどり。東京ディズニーシーの楽しい思い出をおみやげに託して持ち帰ろう。

さつまいもスナック
600円 16
↑つまむ手が止まらないおいしさ♪

日本茶セット
1500円 6
↑キュートな筒缶に入った日本茶は、左から玄米茶、煎茶、ほうじ茶の3種類。贈り物にぜひ

ベイクドチョコレートクランチ 1600円 6
←ミッキーシェイプがついた蓋のケースの中には、こんがり焼いたチョコレートクランチが

マドレーヌ
950円 16
←紙袋がかわいい、ハニー＆バター味のマドレーヌ。個包装なのでおすそ分けにもいい

ミッキーカステラケーキ（ストロベリー）1400円 6
↑パークレストランの人気メニューをイメージしたお菓子。ストロベリーの味とやさしいカステラが◎。8個入り

ワッフルメーカー
3900円 8
↑型に生地を流して両面焼けばミッキー型ワッフルの出来上がり。作るのも食べるのも楽しい

ワッフルクッキー 1000円 6
↑サクッとした食感のミッキー型のワッフルクッキー。プレーンとココアの2種類。各6個入り

歯磨きセット 1600円 41
↑縦約12×横約22cmのケース、歯ブラシ、コップがセットに。旅行に携帯したいお泊りアイテム

ぬいぐるみ 4000円 ㊶

↙肌触り抜群♥ 抱き心地最高！ 枕元に置いて眠ればいい夢が見られそう

クッション 2500円 ⑦

↑モチモチした肌触りのいいプーさんのクッション。プーさんの表情が異なる表裏もチェック！

ショルダーバッグ 3200円 ㊶

➡背中に小物が入れられる。ダッフィーのお友だち、謎解きが大好きなリーナ・ベル

パスケース 各1900円 ⑨

←裏にホルダーがついたミッキーとミニーのパスケースは、首から下げるネックストラップ付き

キッチンペーパーホルダー 1800円 ⑧

➡スリンキーの胴体部分がホルダーに。これがあるだけでキッチンが愉快な空間に早変わり

カチューシャ 水玉1900円、シルバー1900円 ⑬

↑➡コーディネートによって使い分けたいパークアイテム。おしゃれなミニーに大変身

だきまくら 3600円 ⑨

↑長さ約55cmのスティッチのだきまくらは心地のいい肌触り

カラーペンセット 2100円 ⑤

➡全10色のかわいいペンで、ノートや手帳をカラフルに彩ってみよう♪

←座った状態の高さ約31cm。好奇心旺盛なイヌの子クッキー・アンはダッフィーのお友だち

ぬいぐるみ 4000円 ㊶

メモセット 900円 ⑤

↑2つに折ると本のような見た目になるメモ。表紙にはプリンセスとプリンスが

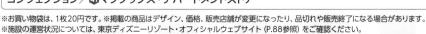

販売店舗：⑤イル・ポスティーノ・ステーショナリー／⑥ヴァレンティーナズ・スウィート／⑦ヴィラ・ドナルド・ホームショップ／⑧ヴェネツィアン・カーニバル・マーケット／⑨エンポーリオ／⑬フィガロズ・クロージアー／⑯マーチャント・オブ・ヴェニス・コンフェクション／㊶マクダックス・デパートメントストア

※お買い物袋は、1枚20円です。※掲載の商品はデザイン、価格、販売店舗が変更になったり、品切れや販売終了になる場合があります。
※施設の運営状況については、東京ディズニーリゾート・オフィシャルウェブサイト（P.88参照）をご確認ください。

いつかは泊まりたい 憧れのディズニーホテル

パークで見た夢の続きを見せてくれるディズニーホテル。
ディズニーの世界を満喫しながらリゾート気分も味わえる夢のホテルをご紹介。

ディズニーホテルの予約は、東京ディズニーリゾート・
オンライン予約・購入サイトへ **https : //reserve.tokyodisneyresort.jp/**

東京ディズニーシー・ホテルミラコスタ®

↑ホテルのメインエントランスには、噴水があり、神話上の海の生き物の彫刻がお出迎え

↑ロビーにそびえるガリオン船。よく見るとミッキーやミニー、ドナルドやグーフィーの姿が

↑"ミッキーと仲間たちの航海"がテーマの「カピターノ・ミッキー・スーペリアルーム」と名づけられた客室

もとはザンビーニ家の別荘だった イタリアの香り漂う優雅なホテル

ホテル名の「ミラコスタ」とはイタリア語で"海を眺めること"という意味。東京ディズニーシーのメディテレーニアンハーバーに位置し、パークの中に宿泊するという夢が叶えられるホテルだ。テーマは18〜19世紀のイタリア。館内の随所にエレガントなイタリアの建築様式と装飾が取り入れられ、海にまつわる生き物やディズニーキャラクターがさり気なく組み込まれている。

ディズニーアンバサダー®ホテル

古き良きアメリカを彷彿とさせる アールデコ・スタイルのホテル

テーマは夢とロマンがあふれる1930年代のアメリカ。当時流行したアールデコ・スタイルにキャラクターのモチーフをちりばめた華やかなデザインが特徴だ。ホテル名の「アンバサダー」は、アールデコを世界に広めた各国の大使（アンバサダー）に由来する。「シェフ・ミッキー」はミッキーマウスと記念撮影を楽しむことができるレストラン。

↑ヤシの木に囲まれた「パームガーデン・プール」。リゾート気分も満載
←ロビーの隣にあるハイピリオン・ラウンジ。フロアは開放的で待ち合わせなどにも便利

↑壁紙から床の絨毯に至るまで、部屋中でミッキーを感じられるミッキーマウスルーム

↑ミニーのトレードマークであるドット柄やリボンをモチーフにしたミニーマウスルーム

↑青いセーラー服や赤い蝶ネクタイがアクセントになったドナルドダックルーム

東京ディズニーランド®ホテル

↑宮殿を思わせる優雅な造りのこのホテルには全706室のゲストルームがある

↑天井まで約30m吹き抜けになったアトリウムロビー。豪華のひと言につきる

↑「ディズニー美女と野獣ルーム」。ベルが大好きな本に囲まれ落ち着いた部屋

ヴィクトリア朝様式の豪華でエレガントなホテル

東京ディズニーランドと向かい合うように建つこのホテルは、東京ディズニーランドのワールドバザールと同じヴィクトリア朝様式のデザイン。壮大かつエレガントな雰囲気に包まれている。「美女と野獣」「シンデレラ」「ふしぎの国のアリス」「ティンカーベル」と"キャラクター"の客室を用意している。シックでエレガント、それでいてディズニーキャラクターの存在もしっかり感じられるホテルだ。

東京ディズニーリゾート・トイ・ストーリー®ホテル

↑スリンキードッグ・パークには約4mの巨大なバズ・ライトイヤーやジェシーが

↑床にはパズルのピース、天井にはゲームボード、壁にはレーシングカーと楽しさがあふれている

↑客室はディズニー&ピクサー映画『トイ・ストーリー』シリーズ第1作に登場するアンディの部屋をイメージ

ここはまるごとおもちゃの世界映画の世界を泊まりながら満喫!

ホテルの敷地内に一歩足を踏み入れた途端、ゲストはおもちゃサイズに小さくなり、"名誉おもちゃ"の一員となって、今までに体験したことのないホテルステイを満喫できる。エントランス前には、おもちゃ箱をひっくり返したように楽しい「スリンキードッグ・パーク」(広場)。ロビーではゲームボードやレーシングカーがお出迎え。「ロッツォ・ガーデンカフェ」は宿泊者のみ利用が可能。

東京ディズニーセレブレーションホテル®

パークのモチーフであふれる手頃なリゾートステイを楽しめるホテル

シンプルにリゾートステイを楽しめるバリュータイプのホテル。道路をはさんで"夢やファンタジー"がテーマの「ウィッシュ」と、"冒険や発見"がテーマの「ディスカバー」の2棟がある。場所は新浦安とパークから離れているが、どちらのホテルもパークの雰囲気を存分に楽しめる造りになっている。

ディスカバー

↑ディスカバーのクインテットルーム。29㎡の広さで1〜5名の利用が可能だ
←カヌーに乗ったミッキーのスタチューがあるディスカバーのロビー

ウィッシュ

↑ウィッシュのスタンダードルーム。29㎡の広さで1〜4名の利用が可能だ
←ティーカップに乗ったミニーのスタチューがあるロビー。ソファーは「アリスのティーパーティー」をイメージ

INFORMATION

来園前に知っておくと便利な情報をまとめてお知らせ。
効率的にまわるため、存分に楽しむために、事前にチェックしてから出かけよう。

最新情報はここでチェック！

東京ディズニーリゾート・オフィシャルウェブサイト

「パークチケット」「期間限定」「アトラクション」「メニュー／レストラン」など、スマートフォンから東京ディズニーリゾートのさまざまな情報を手に入れることができる。パークへ行くことが決まったら、自分のプランに応じて事前に確認しよう。

https://www.tokyodisneyresort.jp/

東京ディズニーリゾート・アプリ

「東京ディズニーリゾート・アプリ」は、パークチケットの購入、レストランの事前受付など、パークに来園する前から利用できるコンテンツも充実。待ち時間の確認やエントリー受付、ショッピングなど、入園中にも大活躍！ 使わない手はない必須アイテムだ。

アプリのダウンロードはこちら **http://tdrapp.jp/magic** 詳しくはこちら

わからないことはここに電話！

東京ディズニーリゾート・インフォメーションセンター

(東京ディズニーリゾートに関する問い合わせや相談)

総合案内

☎**0570-00-8632** (10:00〜15:00)

※一部のIP電話・国際電話の方は☎045-330-5211

音声情報サービス

☎**0570-00-3932** (24時間受付)

※一部のIP電話・国際電話からは利用できません。

ホテルやレストランの予約はこちら！

東京ディズニーリゾート・オンライン予約・購入サイト

https : //reserve.tokyodisneyresort.jp/

このサイトでできること
- ●ホテル宿泊予約
- ●パークチケット購入
- ●バケーションパッケージ購入
- ●プライオリティ・シーティング事前受付

- ●ショーレストラン予約
  (予約受付は2023年8月1日から。2023年9月1日より運営開始)
- ●ビビディ・バビディ・ブティック予約
  (東京ディズニーランドホテルのみ)
- ●ガイドツアー予約 (東京ディズニーランドのみ)

予約した内容の問い合わせは電話でも可能です。東京ディズニーリゾート・オンライン予約・購入サポートデスク☎0570-00-1928
(10:00〜15:00) まで

アプリをフルに使ってパークを満喫

入園中はもちろん、入園前後も利用できるコンテンツが充実している「東京ディズニーリゾート・アプリ」。
パークに行くことを決めたら、まずアプリをダウンロードしよう。
アプリを賢く使って、効率よくパークを遊びつくそう！

アプリでできること

入園中のみできること

- ●現在地の確認
- ●ディズニー・プレミアアクセスの購入
- ●一部のキャラクターグリーティング施設などのエントリー受付
- ●ショップやレストランなどのスタンバイパスの取得
- ●ディズニー・フォトの写真の登録

退園後もできること

- ●パーク入園者限定グッズの購入 (入園当日23：45まで)
- ●ディズニー・フォトの写真の購入
- ●ディズニーホテルのオンラインチェックイン、ルームキーとしての利用

パークに行く前にできること

- ●パークチケットの購入
- ●プライオリティ・シーティングの事前受付
- ●ショーレストランの予約
  （予約受付は2023年8月1日から。2023年9月1日より運営開始）
- ●ビビディ・バビディ・ブティックの予約
  （東京ディズニーランドホテルのみ）
- ●ガイドツアーの予約 (東京ディズニーランドのみ)
- ●ディズニーホテルの宿泊予約
- ●バケーションパッケージの購入

来園前・入園中にできること

- ●アトラクションやレストランの待ち時間の確認
- ●ショーやパレードの開演時間の確認
- ●レストランのメニューのチェック
- ●パーク内で販売しているグッズの検索・閲覧・購入

来園前にパークチケットを準備

　入園には、事前にパークチケットをオンラインで購入しておく必要がある。約2ヵ月前から日付指定券を購入可能だが、一回に購入できるのは5枚まで。購入方法を確認しよう。

アプリの準備

アプリを立ち上げてログイン
※ディズニーアカウント未取得の場合は、新規ユーザー登録が必要です。

購入方法

1 アプリで「新規チケット購入」をタップ

↓

2 日数と人数を選択

↓

3 入園したいパークを選択

↓

4 カレンダーから日付を選択

↓

5 チケットの券種と枚数を選びカートに追加

↓

6 ユーザー情報やお支払い情報を入力

↓

7 同意事項の確認

↓

8 購入完了

※支払いはクレジットカード、一部のスマートフォン決済が可能です。
※時期や曜日ごとにチケットの価格が異なります。
※購入できるチケットの最新情報は、アプリまたはオフィシャルウェブサイト(P.88)で確認を。

実際にアプリを使ってみよう！

※利用するにはディズニーアカウントへのユーザー登録・ログインが必要。

❶ デジタルガイドマップ

自分の現在地や各施設の確認ができる。

❷ ホーム

パークチケットの購入や、レストランなど各種予約に対応。購入したチケットや、当日のプランが時系列で表示される。

❸ アトラクション／エンターテイメント／キャラクターグリーティング

アトラクションの待ち時間がリアルタイムで反映されるほか、ショーなどの公演時間も確認できる。

❹ レストラン

パーク内の各レストランの待ち時間や営業時間の確認、メニューの閲覧などができる。レストランの事前受付もここから進める。

❺ ショップ／グッズ

パーク内の各ショップの営業時間が確認できる。「ショッピング」をタップすれば、パークで販売しているほとんどのグッズの閲覧が可能だ。

❻ フィルター

アトラクションなら利用制限など、レストランなら低アレルゲンメニューの有無など、ゲストが知りたい内容の絞り込み検索ができる。

❼ パークチケットの購入

ここからパークチケットを購入できる。

❽ 購入済みパークチケットの表示

ここからパークチケットを表示できる。

❾ スタンバイパス

スタンバイパスの取得はここから。取得方法はP.91を参照。

❿ エントリー受付

エントリーの受付はここから。受付方法はP.91を参照。

⓫ ディズニー・プレミアアクセス

ディズニー・プレミアアクセスの購入はこちら。購入方法は右記を参照。

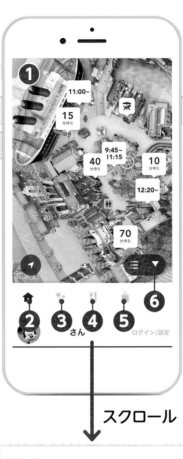

スクロール

↑スマホに表示される二次元コードをゲートにかざそう
→入園する人数分のパークチケットをスマホ1台に集約できる

スマホをゲートにかざして入園！

「ディズニー・プレミアアクセス」とは

パーク入園後、アプリから体験したい施設を時間指定で予約できる有料のシステム。人気の施設やショーの体験時間や入場時間を指定。対象施設や料金はアプリで確認を。

入園後に購入

アプリ内の「プラン」の「ディズニー・プレミアアクセス」をタップ。利用者全員のパークチケットを選択

希望する施設の利用料金が表示されたボタンをタップし、希望する時間を指定して「次へ」をタップ。購入できない施設や時間については、「取得できません」と表示される

施設、利用時間、取得数を確認、支払い方法を設定して内容を確認後に「確定」をタップ。指定の時間になったら、各施設の入り口にある読み取り機に二次元コードをかざす
※「確定」をタップすると、クレジットカード決済の処理が進み、キャンセルや変更はできません。必ず内容をご確認ください。

ディズニー・プレミアアクセスの注意事項

●チケット1枚につき1回分を購入できます。●他のアトラクションを購入する場合、購入から60分後、もしくは購入したディズニー・プレミアアクセスのご利用開始時刻のいずれか早いほうの時間を過ぎると購入することができます。●同じアトラクションを再度購入する場合、購入したディズニー・プレミアアクセスのご利用後、もしくは利用終了時刻以降に再度購入することができます。●ショーを鑑賞の場合はあらかじめ入場時間を選択して、指定の鑑賞席（エリア）からショーをお楽しみいただけます。●アトラクションとショーのディズニー・プレミアアクセスは、同時に保有することができます。●購入はクレジットカード決済となります。●アプリをお持ちでない方、またはクレジットカードをお持ちではない方は、メインストリート・ハウス（東京ディズニーランド）、ゲストリレーション（東京ディズニーシー）でご購入いただけます。●発行数に限りがあるため、売り切れとなる場合があります。発行状況は、アプリでご確認ください。

「エントリー受付」とは

一部のショーや一部のキャラクターグリーティング施設などを利用するには、入園後にアプリから「エントリー受付」が必須。結果を見て、一日の予定を組むと効率よく遊べる。エントリー受付の状況は、アプリで確認を。

入園後に受付

アプリ内の「プラン」の「エントリー受付」をタップ。利用者全員のパークチケットを選択

表示されるショーや施設などを選択し、希望する利用時間をタップ。内容を確認し、エントリーする
※エントリー後の変更・取り消しはできません。

エントリー受付の結果、対象施設の利用時間が表示されたら、指定の時間に対象施設を利用できる。指定の時間になったら、「パス表示」をタップして、各施設の入り口にある読み取り機に二次元コードをかざす

エントリー受付の注意事項

●1日1グループにつき各施設1回行うことができます。●ショーは、座席が必要な場合、パークチケットを持たない3歳以下のゲストでもエントリー受付が必要です（選択できる人数はエントリーするパークチケットの枚数分までです）。希望のショー会場のキャストにおたずねください。●エントリーをしなかった場合や、エントリー受付の結果、アプリ上に「予約を手配できませんでした。」と表示された場合、当日は対象施設を利用することができません。

「スタンバイパス」とは

一部の施設の利用には、スタンバイパスが必要。対象施設の利用を希望する場合は、入園後にアプリで取得。スタンバイパスに記載された時間帯に列に並ぼう。スタンバイパスの発行状況は、アプリで確認を。

入園後に取得

アプリ内の「プラン」の「スタンバイパス」をタップ。利用者全員のパークチケットを選択

希望する施設の利用時間をタップ。内容を確認し、「取得」をタップ
※取得済みのスタンバイパスの時間変更はできません。変更する場合、一度キャンセルした後、再度取得してください。また、3歳以下のゲストの取得は不要です。

スタンバイパスを取得すると「プラン」に利用時間が表示される。指定の時間になったら、「パス表示」をタップして、各施設の入り口の読み取り機に二次元コードをかざす

エントリー受付、スタンバイパス共通注意事項

●エントリー受付とスタンバイパスの発行は東京ディズニーリゾート・アプリでのみ行っています。スマートフォンをお持ちでないゲストは、対象施設のキャストにおたずねください。●紙のパークチケットで入園したゲストは、アプリに全員分の二次元コードをスキャンして取り込む必要があります。●対象施設への入場を保証するものではありません。●運営状況により実施しない日や時間帯があります。●指定された利用時間を過ぎると無効となります。

「東京ディズニーリゾート ショッピング」とは

アプリで決済すると、翌日以降に発送されるサービス。パーク入園者限定グッズの購入は入園当日23:45までに決済して。注文受付時間などはアプリで確認を。

来園前・入園後にできること

グッズの閲覧・購入ができる

アプリのココをタップ。「ショッピング」を押すとグッズのおすすめ特集が表示される。

グッズの詳細をチェックできる

気になるグッズをタップ（①）すると、価格、在庫、取扱店舗、サイズなどの仕様や、さまざまな画像（②）で商品の詳細を確認できる。

お気に入りリストを作れる

グッズを事前に「お気に入り」登録しておけば、買い物時間の短縮に。グッズ詳細ページでタップ（①）、または店頭でバーコードをスキャン（②）して登録を。リストは③から確認できる。

購入方法

カートをチェックし購入手続きへ

商品画面やお気に入りから「カート」に入れた商品の、注文点数などを確認。買い物袋が必要な人は必要な枚数を購入しよう。合計金額が合っていたら「購入手続きへ」をタップ。

使用するチケットを選択

購入者のチケットをタップ。紙のパークチケットで入園したゲストは、アプリに二次元コードを取り込む必要がある。選択したら、「確定」をタップ。

荷物が届く

翌日以降の発送で商品が家に届く。

アクセス情報

電車で行く

■主要駅から舞浜駅までの所要時間と片道運賃
※2023年7月5日現在。
※記載の運賃は切符購入時の金額です。

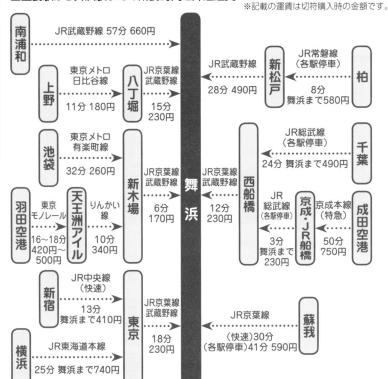

電車を降りたら東京ディズニーリゾート・ウェルカムセンターへ

2階にディズニーホテル※1、1階に東京ディズニーリゾート・オフィシャルホテル宿泊ゲストのためのカウンターがある。ホテルまで荷物を無料で運んでくれるバゲッジデリバリーサービスのほかに、ディズニーホテル※1のプリチェックイン※2、パークチケット販売も行っている。

※1：東京ディズニーセレブレーションホテルは対象外。
※2：東京ディズニーリゾート・トイ・ストーリーホテルのプリチェックインは対象外。

➡JR舞浜駅の改札を出て左にある建物だ

1階、2階　ホテルサービスカウンター

ディズニーホテルサービスカウンターの営業時間は、7：30〜17：00（バゲッジデリバリーサービスなどは〜16：00）、オフィシャルホテルは8：00〜15：00。

車で行く

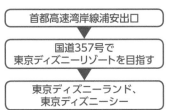

首都高速湾岸線浦安出口
↓
国道357号で東京ディズニーリゾートを目指す
↓
東京ディズニーランド、東京ディズニーシー

駐車した場所がすぐわかる「パーキング・メモ」を活用しよう！

パークの駐車場には区画ごとにキャラクターの標識が立っている。駐車券の裏面にある二次元コードを読み取ると「パーキング・メモ」が起動。案内に従って自分の駐車区画と区画番号をタップ、画面を保存しておけば駐車位置がいつでも確認できるので安心。

■ゲストパーキング料金表

車種	駐車場料金
普通乗用車	2500円（土日祝日は3000円）
バス・大型車	4500円（土日祝日は5000円）
二輪車（原付含む）	500円

※2023年7月5日現在（変更する場合あり）。

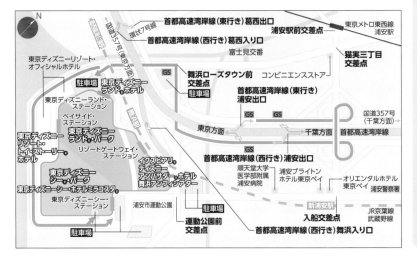

東京ディズニーリゾート内アクセス

ディズニーリゾートライン

4つの駅を結ぶ6両編成のモノレール。各駅にはエレベーターを設置し、段差のないバリアフリー構造。車内のつり革や窓に注目してみよう。

■ディズニーリゾートライン運行ルート

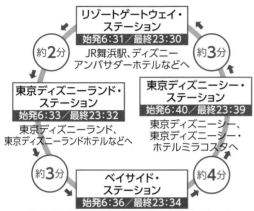

リゾートゲートウェイ・ステーション
始発6:31／最終23:30
JR舞浜駅、ディズニーアンバサダーホテルなどへ

約2分　約3分

東京ディズニーランド・ステーション
始発6:33／最終23:32
東京ディズニーランド、東京ディズニーランドホテルなどへ

東京ディズニーシー・ステーション
始発6:40／最終23:39
東京ディズニーシー、東京ディズニーシー・ホテルミラコスタへ

約3分　約4分

ベイサイド・ステーション
始発6:36／最終23:34
東京ディズニーリゾート・トイ・ストーリーホテル、
東京ディズニーリゾート・オフィシャルホテルへ

■ディズニーリゾートライン運賃表

券種	運賃
普通乗車券(均一)	260円 (130円)
1日フリーきっぷ	660円 (330円)
2日フリーきっぷ	850円 (430円)
3日フリーきっぷ	1200円 (600円)
4日フリーきっぷ	1500円 (750円)
回数乗車券(11枚セット)	2600円 (1300円)

※(　)内はこども運賃。※2023年7月5日現在。
※始発と最終は、時期によって変わります。また、運行時間が変更になる日があります。
※ICカードの利用が可能です。対象のICカード：「Kitaca」「PASMO」「Suica」「manaca」「TOICA」「PiTaPa」「ICOCA」「はやかけん」「nimoca」「SUGOCA」。

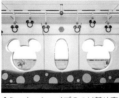
↑ミッキーシェイプのつり革や窓

ディズニーリゾートクルーザー

東京ディズニーリゾート内にあるホテルと、ディズニーリゾートラインの駅や2つのパークを結ぶ無料シャトルバス。Aルートはホテル利用者専用。車内のアナウンスはミッキーの声。

↑側面に大きなミッキーシェイプの窓

■ディズニーリゾートクルーザー運行ルート

●Aルート

東京ディズニーランド
↓↑
ディズニーアンバサダーホテル
↓↑
東京ディズニーシー

●Bルート

ベイサイド・ステーション
↑
6つの各東京ディズニーリゾート・オフィシャルホテル

↑1周約13分かけて4つの駅を周回する

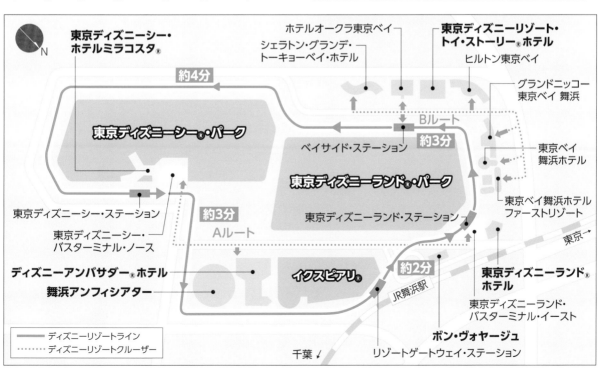

東京ディズニーシー・ホテルミラコスタ®

ホテルオークラ東京ベイ
シェラトン・グランデ・トーキョーベイ・ホテル

東京ディズニーリゾート・トイ・ストーリー®ホテル
ヒルトン東京ベイ

N

約4分

東京ディズニーシー®・パーク

Bルート
約3分

ベイサイド・ステーション

グランドニッコー東京ベイ 舞浜

東京ベイ舞浜ホテル

東京ディズニーランド®・パーク

東京ディズニーシー・ステーション

約3分
Aルート

東京ディズニーシー・バスターミナル・ノース

東京ディズニーランド・ステーション

東京ベイ舞浜ホテルファーストリゾート

ディズニーアンバサダー®ホテル
舞浜アンフィシアター

イクスピアリ®

約2分

JR舞浜駅

東京

東京ディズニーランド®ホテル

東京ディズニーランド・バスターミナル・イースト

ボン・ヴォヤージュ
リゾートゲートウェイ・ステーション

── ディズニーリゾートライン
┈┈ ディズニーリゾートクルーザー

千葉

サービス施設

トリトンズ・キングダム（屋内施設）

凡例（アイコン一覧）

- 🅰 AED（自動体外式除細動器）
- エレベーター
- カードバンキング（三井住友銀行）
- 喫煙所
- ✚ 中央救護室
- 多機能レストルーム（多目的シート設置）
- ゲストリレーション
- コインロッカー
- 公衆電話
- 宅配センター
- パークインフォメーションボード休
- ハンドウォッシングエリア
- ベビーカー＆車イス・レンタル
- ベビーセンター
- マーメイドラグーン・ベビーケアルーム
- 授乳室
- 迷子センター
- ✉ メールボックス
- モバイルバッテリーレンタルサービス
- レストルーム
- チケットブース・ノース休／
  チケットブース・サウス休
- 東京ディズニーシー・インフォメーション
- 団体チケットブース
- ペットボトル飲料販売機
- ピクニックエリア
- フォトテラス
- パークウェイギフト・ノース休／
  パークウェイギフト・サウス休

パークでの負担を軽減するサービス

　障がいのある方や、妊娠中や高齢の方など、一時的に体の機能が低下している方に、インフォメーションブックやディスアビリティアクセスサービスなど、さまざまなツールやサービスを用意。詳細は東京ディズニーリゾート・インフォメーションセンター（☎0570-00-8632 受付時間10：00〜15：00※一部のIP電話・国際電話の方は☎045-330-5211）またはオフィシャルウェブサイトまで。

- ●インフォメーションブック　●インフォメーションCD
- ●触地図／音声触地図　●触地図ガイドブック
- ●スケールモデル（模型）　●点字メニュー
- ●ディズニーハンディーガイド（字幕表示・音声案内）
- ●ディスアビリティアクセスサービス
- ●合流利用サービス

パーク内外にある主な施設

重い荷物やおみやげはここへ預けよう

🗝 コインロッカー

　パークを身軽に楽しむために、おみやげや荷物はコインロッカーへ。来園当日のみ利用可能。利用の際はコインロッカーキーの色とアルファベット表記を確認。（例）

■サイズ＆料金表

サイズ	縦×横×奥行き(cm)	料金
XL	117×36×57	800円
LL	77×36×57	800円
L	50×36×42	600円
ML	37×36×57	500円
M	37×36×42	500円
S	29×36×42	400円

※XL、LL、MLはパーク外のみ。

モバイルバッテリーが借りられるレンタルスタンド

**🔋 モバイルバッテリー
レンタルサービス**

　パーク内外に設置されたレンタルスタンドで、どこでも借りられて、どこでも返すことができる、モバイルバッテリーが借りられる（有料）。利用には専用アプリが必要。

パーク内にある主な施設

パークで困ったことがあればここへ

 ゲストリレーション

パーク内で困ったことがあればここへ。アトラクションやレストラン、ショーに関する情報はもちろん、遺失物の問い合わせや外国語サポート、伝言サービスも行っている。

ケガをしちゃった！

 中央救護室

気分が悪いときやケガをしたときに応急処置をしてくれる。治療はできないので注意。

現金の持ち合わせが少なくなったら

 カードバンキング（三井住友銀行）

ベビーカーを借りるなら

 ベビーカー＆車イス・レンタル

お座りができるこども用のB型ベビーカー1000円や車イス500円（各1日料金）などが借りられる。入園したら早めに借りよう。

赤ちゃん連れにうれしい施設

 ベビーセンター

赤ちゃんの世話をしたいときはここへ。おむつ交換台やカーテンで仕切られた授乳室、食事ルームや哺乳瓶を洗うキッチンなどを配置しており、設備が充実している。レストルームには子ども用シート付きの個室や幼児用の小さい便器もあるので便利。

 マーメイドラグーン・ベビーケアルーム

マーメイドラグーンにある、おむつ交換台と授乳室を備えた施設。

 授乳室

アメリカンウォーターフロントの「タワー・オブ・テラー」横にあるレストルームには、併設された授乳室がある。

迷子はこちらでお預かり

 迷子センター

小学生以下の子どもや知的障がいのある方がパーク内で迷子になった際、保護者が迎えに来るまで保護する施設。キャストに声をかけるとキャスト同士で連絡を取り合い、引き合わせる手伝いをしてくれる。

荷物を送りたい！

 宅配センター

パークで購入したおみやげや荷物を有料で配送できる。ガラス製品や生菓子など、配送できないものもある。

パークから手紙を出そう

 メールボックス

パーク内から手紙を出すときはメールボックスへ投函しよう。キャラクターがデザインされたスタンプが宛名面に押されて届くので記念になる。

ミッキーシェイプの泡が作れる手洗い場

 ハンドウォッシングエリア

ミッキーシェイプの泡で手が洗えるスポット。アメリカンウォーターフロント内の「ニュージーズ・ノヴェルティ」横と、ミステリアスアイランド内の「リフレッシュメント・ステーション」近くにある。また、ミッキーシェイプの泡が出るディスペンサーは、パーク内レストルームにも設置されている（一部のレストルームは除く）。

パーク外にある主な施設

パーク外で情報収集ができる

 東京ディズニーシー・インフォメーション

アトラクションやショー、レストランに関する情報が入手できるサービス施設。退園後に忘れ物に気づいた場合は相談してみよう。伝言サービスや領収証の発行も行う。営業時間はオフィシャルウェブサイトで確認を。

みんなで記念撮影をするなら

 フォトテラス

団体やグループでの記念写真に最適のスペース。最大50人くらいで撮影できる広さがある。もちろん少人数での撮影もできる。

お弁当派はこちら

 ピクニックエリア

お弁当を持参したゲストのためのスペースがパーク外に設けられている。テーブル席があるので利用しよう。パークエントランス付近にある。

一度パークを出たあと戻りたい
いったんパークの外へ出ても、また戻ってくることができる。パークを出るときに、手にスタンプを押してもらうことを忘れずに！パークチケットの提示も必要。

ディズニー シュプリーム ガイド
Disney Supreme Guide
とうきょう
東京ディズニーシーガイドブック
ウィズ かざましゅんすけ
with 風間俊介

2023年7月24日　第1刷発行

かざましゅんすけ
特別編集協力　風間俊介

構成・取材・文　梅澤眞己枝（ウランティア）
装丁・本文レイアウト　横山よしみ
写真　本社写真部
写真協力　月刊「ディズニーファン」編集部
スタイリスト　手塚陽介
ヘアメイク　道中佳美
取材協力　株式会社オリエンタルランド
　　　　　株式会社ミリアルリゾートホテルズ
　　　　　株式会社ジャニーズ事務所

発行者　森田浩章
発行所　株式会社　講談社
　　　　〒112-8001
　　　　東京都文京区音羽2-12-21
　　　　編集 ☎03-5395-3142
　　　　販売 ☎03-5395-3625
　　　　業務 ☎03-5395-3615
印刷所　大日本印刷株式会社
製本所　大口製本印刷株式会社

©2023 Disney　©2023 Disney/PIXAR
©&™ 2023 LUCASFILM LTD
Slinky® Dog ©Just Play LLC
©2021 and ®Spin Master, Ltd. All Rights Reserved.
Mr. Potato Head® and Mrs. Potato Head® are registered trademarks of Hasbro, Inc.
Used with permission. ©Hasbro, Inc. All Rights Reserved.
TINKERTOY is a trademark of Hasbro and is used with permission. ©2021 Hasbro.
All Rights Reserved. Licensed by Hasbro.
LINCOLN LOGS is a trademark of Hasbro and is used with permission.
©2021 Hasbro. All Rights Reserved. Licensed by Hasbro
SCRABBLE is a registered trademark of Mattel, Inc. Trademark and game tiles used
with permission. © Mattel, Inc. All Rights Reserved.

落丁本、乱丁本は購入書店名を明記のうえ、小社業務あてにお送りください。
送料は小社負担にておとりかえいたします。この本の内容についてのお問い
合わせは、海外キャラクター編集あてにお願いいたします。本書のコピー、ス
キャン、デジタル化等の無断複製は著作権法上での例外を除き禁じられてい
ます。本書を代行業者等の第三者に依頼してスキャンやデジタル化すること
はたとえ個人や家庭内の利用でも著作権法違反です。

ISBN978-4-06-531211-7
N.D.C.689 95p 26cm
Printed in Japan
定価はカバーに表示してあります。

KODANSHA

この本についての
感想を
お聞かせください。
回答は
こちら
から

(株)ヤマハミュージックエンタテインメントホールディングス
出版許諾番号 20230466 P

Special Thanks
Hiroshi.S/Kaoru.W/Takuma.I/Akira.K From Kodansha
Takeshi.N/Kei.O/Mariko.H/Kaho.Y/
Shiko. N/Tomoki.H/Yuko.C/Chihiro.A/
Yukari.G/Miyuu.N/Sawako.O From OLC
All TDR Cast and You